essentials

Essentials liefern aktuelles Wissen in konzentrierter Form. Die Essenz dessen, worauf es als „State-of-the-Art“ in der gegenwärtigen Fachdiskussion oder in der Praxis ankommt. Essentials informieren schnell, unkompliziert und verständlich

- als Einführung in ein aktuelles Thema aus Ihrem Fachgebiet
- als Einstieg in ein für Sie noch unbekanntes Themenfeld
- als Einblick, um zum Thema mitreden zu können.

Die Bücher in elektronischer und gedruckter Form bringen das Expertenwissen von Springer-Fachautoren kompakt zur Darstellung. Sie sind besonders für die Nutzung als eBook auf Tablet-PCs, eBook-Readern und Smartphones geeignet.

Essentials: Wissensbausteine aus Wirtschaft und Gesellschaft, Medizin, Psychologie und Gesundheitsberufen, Technik und Naturwissenschaften. Von renommierten Autoren der Verlagsmarken Springer Gabler, Springer VS, Springer Medizin, Springer Spektrum, Springer Vieweg und Springer Psychologie.

Claus D. Eck

Persönlichkeit und Führung

Zur Interaktion von zwei Orientierungssystemen

Claus D. Eck
Horgen
Schweiz

ISSN 2197-6708 ISSN 2197-6716 (electronic)
essentials
ISBN 978-3-658-08292-5 ISBN 978-3-658-08293-2 (eBook)
DOI 10.1007/978-3-658-08293-2

Die Deutsche Nationalbibliothek verzeichnet diese Publikation in der Deutschen Nationalbibliografie; detaillierte bibliografische Daten sind im Internet über http://dnb.d-nb.de abrufbar.

Springer

Gedruckt auf säurefreiem und chlorfrei gebleichtem Papier

Springer Fachmedien Wiesbaden ist Teil der Fachverlagsgruppe Springer Science+Business Media (www.springer.com)

Vorwort

Thema dieser kleinen Publikation ist die Interaktion von zwei hoch komplexen Phänomenen, deren Begrifflichkeit zudem noch unscharf und umstritten ist. Der Begriff *Führung* ist erst im 19. Jahrhundert in der allgemeinen und wissenschaftlichen Sprache bedeutungsvoll geworden. Die *Sache,* um die es dabei geht, wurde seit der Antike bis ins 19. Jahrhundert unter Begriffen wie z. B. Herrscher, Herrschaft, Regierung, Fürst, Despot, Tyrann verhandelt. Das Aufkommen einer neuen Begrifflichkeit oder die Bedeutungsveränderung von Wortbegriffen stehen häufig im Zusammenhang eines Krisenbewusstseins: Die Sache, welche die Begriffe auf den Punkt bringen sollen, ist komplizierter, als es der bisherige vertraute Begriffsrahmen definiert. Dies erklärt auch die Überfülle und Uneinheitlichkeit der Theorien und Modelle, welche „Führung" bzw. „Persönlichkeit" zum Thema haben (vgl. C. D. Eck 2007).

Führung und Persönlichkeit darf nicht reduktionistisch verstanden werden i.S. eines „Nichts-anderes-als". In einem hoch komplexen Interaktionsgefüge, das mit Organisation, Management, Kontext, System, Gruppe, Personen usw. bezeichnet werden kann, fokussieren wir hier auf die Zusammenhänge von „Führung" und „Persönlichkeit".

An zwei Stellen seines Werkes schreibt Sigmund Freud (1856–1939) von den „drei unmöglichen Berufen". „Unmöglich" deshalb, weil „man sich des ungenügenden Erfolges von vorneherein sicher sein kann" und die psychodynamischen, ethischen und handlungskompetenten Anforderungen so „unerreichbar" ausgeprägt sind, was Freud zu der folgenden Feststellung veranlasst: „..., dass also nur Personen von so hoher und so seltener Vollendung sich diesem Beruf zuwenden, kann man offenbar nicht verlangen" (GW, Bd. 16, S. 94). Die drei beruflichen Felder, welche Freud im Auge hatte, sind: *erziehen, heilen* (kurieren), *regieren.* Managen, Führen als berufliche Tätigkeiten gehören ohne Zweifel zu den „unmöglichen Berufen" – und doch werden und müssen sie ausgeübt und gestaltet werden. Das was in der einschlägigen gegenwärtigen Literatur *best practice* genannt wird, sind im besten (seltenen) Fall nur *Annäherungsgrade* an das eigentlich Erforderliche.

Das Institut für Angewandte Psychologie (IAP in Zürich, gegr. 1923), heute IAP at Departement Angewandte Psychologie der Zürcher Hochschule für Angewandte Wissenschaften (ZHAW), arbeitet seit seiner Gründung forschend, lehrend, beratend im Themenfeld von Auswahl, Training und Entwicklung sogenannter Führungskräfte. Seit über dreißig Jahren gibt es am IAP ein Format mit sich wandelnden Perspektiven, Inhalten und Methoden, dessen Thematik aber konstant bleibt: „Persönlichkeit und Führung". Dieser erfahrungs- und reflexionsorientierter Weiterbildungskurs – strukturiert in Plenums und Kleingruppensitzungen – vermittelt den max. 16 Teilnehmenden Impulse, Erfahrungsaustausch, Feedback für ihr.

• Wahrnehmen • Analysieren • Verstehen • Urteilen • Schlussfolgern • Reflektieren • etc. bezogen auf Fragen, Probleme, Situationen	Nicht so sehr als Verhaltenstechnik sondern als „Walk-the-talk" = Grundlage der Glaubwürdigkeit • Was will ich konkret erreichen (Handlungsziel) bzw. vermeiden? • Wer oder was könnte mich dabei unterstützen? • Wie stelle ich die gewünschte Wirkung fest? (Indikatoren) • etc.	D.h. die Frage nach meiner *Identität*; nach dem was bei aller Funktions-, Rollen-, Situationsbedingtheit gleichbleiben soll. • Wer (bzw. was) will ich sein? Nicht nur im beruflichen Feld, sondern im „Leben". Was gehört für mich zu einem erfüllten Leben? • Welche Ressourcen/Kompetenzen helfen mir dabei? • Mit welchen Schwierigkeiten (z.B. eigene/fremde Widerstände/Konflikte/Hemmnisse) muss ich rechnen? • Wie will ich ,was ich sein möchte, leben – gestalten – kommunizieren (nicht propagieren!)? • etc.

Die vorliegende Schrift ist eine Reflexion des gedanklichen Hintergrunds dieser von dem Autor und Frau Evelyn Wirth, Dipl. Psych., Psychoanalytikerin, geleiteten Weiterbildungskurses (WBK).

Friedrich Nietzsche (1844–1900) wünschte sich „langsame Leser". Die Erfüllung dieses Wunsches, formuliert in der Vorrede zur „Morgenröthe", war schon 1881 nicht selbstverständlich „mitten in einem Zeitalter der „Arbeit", will sagen: der Hast, der unanständigen und schwitzenden Eilfertigkeit, das mit Allem gleich ‚fertig werden' will", „*gut* lesen, das heißt langsam, tief, rück- und vorsichtig, mit Hintergedanken, mit offen gelassenen Thüren, mit zarten Fingern und Augen lesen" (KSA, 4, S. 17). Das ist auch die Einladung des Verfassers dieser kleinen Schrift an deren Leser und Leserinnen.

Inhaltsverzeichnis

Die neue Frage nach Führung 1

Führung (Leadership) ist „ein Irrlicht der Praxis und Theorie der Organisationsgestaltung" (Eck 2007, S. 9). Irrlichter sind nächtliche, eher seltene Leuchterscheinungen, die in Sümpfen und Mooren beobachtet werden können. Obwohl objektiv beobacht- und naturwissenschaftlich erklärbar, ranken sich um Irrlichter Erzählungen und Deutungen von hoher Emotionalität. Das gilt auch für das Phänomen Führung und deren Erzählungen – auch jener die im modischen Kleid „empirischer Untersuchung" und „Führungsmodelle" – daherkommen. Es kann sich dabei um ganz unterschiedliche Diskurse handeln.

Jede dieser Diskursebenen hat ihre eigenen Akteure (Agenten), Grundannahmen, Bezugspunkte, Theorien, Methoden, Kommunikationsmedien, Legitimationen und Ergebnisse. Wen wundert's? Denn es spiegelt die Komplexität, die „Multitude" (Hardt-Negri 2004) der Welt, des Lebens.

(vgl. dazu C. D. Eck, 2007, S. 9-13)

C. D. Eck, *Persönlichkeit und Führung*, essentials,
DOI 10.1007/978-3-658-08293-2_1

Das Sprechen über Führung als einen wichtigen sozial- und geistesgeschichtlichen Sachverhalt hat immer unterschiedlich große Anteile von *Rationalität, Emotionalität, Mythos*. Führungsdiskurse sind interessengeleitet. Die Diskursanalyse hat deshalb Fragen zu stellen wie z. B.: *Wer* spricht? Zu *wem*? Zu *was* wird aufgefordert? Wem oder was *nützt* dies? Wie *belastbar* sind die Aussagen? Was kommt *nicht* zur Sprache?

1.1 Klärung und Unterscheidung einiger zentraler Begriffe

Komplexe Sachverhalte definieren zu wollen, ist ein verständlicher Wunsch. Aber er ist nicht zielführend. Definieren heißt *bestimmen, abgrenzen*. Komplexe Systeme und insbesondere soziale und psychische Systeme – letztere auch *Bewusstseinssysteme* genannt – lassen sich in einer Beobachterperspektive wohl beschreiben, auch unterscheiden, aber niemals definieren. Das jeweils Definierte hat in der Realität immer ein Mehr an Bedeutung, einen Bedeutungsüberschuss. Sinnvollerweise nähern wir uns den hier interessierenden Erkenntnisgegenständen durch Beschreiben, Klären, Unterscheiden und durch Versuche, sie zu verstehen.

Führung ist zunächst kontextuell zu verorten. Es gibt Kunstführer, Wanderführer, Straßenführung, Seelenführung usw. *Führung* im hier zu behandelnden Sinne hat ihren grundsätzlichen Ort in *Organisationen* bzw. Institutionen. Diese sind real zwar sehr unterschiedlich, aber sie lassen sich jedoch in einer gewissen Weise typisieren (vgl. dazu die Darstellungen und Übersichten in M. Apell, V. Tache [Hrsg.]: Handbuch Organisationstypen 2012). Gemeinsam ist aber allen Institutionen bzw. Organisationen die *System/Umwelt*-Relation, die *Funktions*- bzw. *Aufgabenorientierung* und dass sie alle auf *Codierungen, Programme, Strukturen/Prozesse* angewiesen sind. Das alles kann als *task system* bezeichnet werden, welches sich aber unumgehbar mit dem *sentient system*[1], d. h. mit dem empfindsamen System konstituiert. Führung ist eine *Teilantwort* auf diese Gegebenheiten und ist ebenso Teil von ihnen. Führung ist Ausdruck und Faktor einer Hierarchie, sie bewegt sich somit in einem *Machtverhältnis*. Hierarchie, Macht und die zu ihr gehörende Führung löst, vor allem in bestimmten westlichen Subkulturen, *Ambivalenz* aus. Der Begriff Hierarchie entstammt dem kirchlichen Bereich und der kontroverstheologischen Polemik. Auch wenn er gegen Ende des 18. Jahrhunderts vom religiös-kirchlichen Bereich auf weltliche übertragen wurde und als ein Zentralbegriff für Abstufung, Rangordnung, von Über- bzw. Unterordnung der Werte, Ziele, Funkti-

[1] Task system, sentient system als Subsysteme jeder Organisation ist eine charakteristische Terminologie des Tavistock Institute, London (vgl. Miller und Rice 1967) öfters eingedeutscht als „sozio-technisches-System".

onen und Personen gebraucht wird, haftet ihm immer noch etwas von der herkünftigen Ambivalenz und Strittigkeit an.

Führung ist eine Form der *personalen Beziehungsgestaltung*. Der Mensch entsteht, überlebt, entwickelt sich, lernt und versteht sich selbst in Beziehungsverhältnissen. Unser Verhalten wurzelt zu großen Teilen im *limbischen* System, eines der drei wichtigsten Systeme des Zentralnervensystems. So auch das Bindungsverhalten als *Bindungsbedürfnis* (attachment) und dessen Befriedigung (bonding und holding). Die prägenden Grundmuster des Bindungsverhaltens entstehen zwar im Eltern-Kind-Verhältnis und im familiären Umfeld, sie wirken sich aber lebenslänglich aus, in allen und insbesondere in den bedeutsamen Beziehungskonstellationen in der Liebe, Freundschaft, Arbeit. Die Anteile und Gestaltungsformen der vier Komponenten von Beziehung, *physisch* (Nutrition, Berührung), *psychisch* (Emotionen), *sozial* (Nähe-Distanz), *kognitiv* (Neugier, Lernen, „Vorbild") – sind selbstverständlich nach Art der Beziehung und den Kontexten unterschiedlich und variabel. Die grundlegenden Erfahrungen bezüglich Bindung als *attachment* und *bonding* führen, wie John Bowlby und Mary Ainsworth in ihren Forschungen zeigten, zu den nachfolgend aufgeführten typischen Mustern der Bindungsbeziehungen.

Sichere Bindung: sog. B-Typ	Urvertrauen, furchtlose Nähe, Neugierde, experimentieren, spontaner emotionaler Austausch.
Unsicher-vermeidende Bindung: sog. A-Typ	Scheinbar sicher, es wird vermieden, spontan Gefühle zu zeigen; Stressbewältigung durch Konzentration auf Sachen oder Tätigkeiten, resignative Tendenzen.
Unsicher ambivalente Bindung: sog. C-Typ	Ängstlich-abwartendes Beziehungsverhalten, auch resistentes, ambivalentes Verhalten; beschäftigt damit, herauszufinden in welcher Stimmung die Bindungsperson gerade ist.
Desorganisierte Bindung: sog. D-Typ	(Dieses typische Muster zeigt sich häufig erst in der Adoleszenz). Tendenz zu unerwartetem Verhalten bzw. Reagieren; häufig stereotypes, starres Bewegungsverhalten.

Vgl. dazu auch K. E. Grossmann, K. Grossmann (Hrsg.): Bindung und menschliche Entwicklung (2003).

Das Adult Attachment Interview (dt. Gloger-Tripelt und Hofmann 1997) untersucht retrospektiv Bindungserfahrungen und aktuelle Einstellungen zur Bindung bei Erwachsenen und ihren Beziehungsrollen (Eltern, Partner, Arbeitsverhältnisse usw.). In dem Beziehungsverhältnis Führung finden sich selbstverständlich Muster der biographischen Erfahrungen mit attachment und bonding. Die diesbezüglichen Erfahrungsmuster der Führenden und der Geführten fließen in die wechselseitige Beziehungsgestaltung Chef ↔ Mitarbeitende ein.

Zu weiteren neurophysiologischen Grundlagen der Führung vgl. auch; J. Bauer (2011, 2013).

In Bezug auf das Phänomen Führung sind unsere Arbeitshypothesen zunächst:

Führung ist wesentlich eine Form der Beziehungsgestaltung in einem organisationellen Kontext. Diese Beziehung ist *aufgabenzentriert, asymmetrisch, veränderungsorientiert* und *rekursiv* (d. h. Teil und Folge einer Reihe bisheriger Führungserfahrungen und Verhaltensweisen).

Als eine Form der Beziehungsgestaltung sind Führungsverhältnisse *gemeinsam konstruiert* und verantwortet (vgl. dazu Burck et al. 1993). An dieser gemeinsamen Arbeit der Konstruktion von Führungsverhältnissen sind u. a. beteiligt:

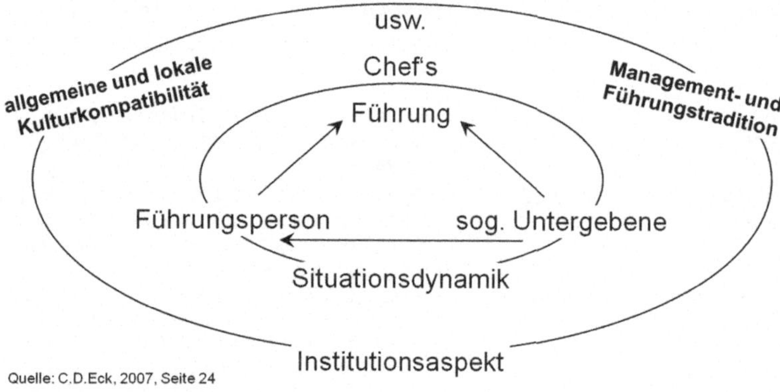

In Theorie und Praxis bewegen sich die Bewältigungsversuche der Führungsaufgabe zwischen **Rationalität** (Wissen, Logik, Empirie), **Emotionalität** (Macht, Bedürfnisse, Phantasien, Projektionen) und **Mythos** (Legitimationen, Interessenlagen, Interpretationen und schaffen sog. Führungsmythen).

Bevor Sie weiterlesen, eine kleine Übung …

Die folgende Aufgabenstellung erlaubt Ihnen, einige Elemente Ihrer Führungsbiographie kennenzulernen, und zwar in den Rollen des Geführtseins, Geführtwerdens. Erinnern Sie sich bitte an Ihre persönlichen Erfahrungen als „Geführte/r" seit Beginn Ihres Lebens! „Führungssituationen" haben Sie als Kind in der Familie, als Schüler/in, Student/in, in Jugend-, Freizeit- und Sportgruppen, im Militär, evtl. in der Kirche, in Vereinen usw. erlebt. Holen Sie bitte aus Ihrer Erinnerung solche Situationen bzw. Schlüsselerfahrungen hervor. Aufgrund dieser Ihrer erinnerten Erfahrungen überlegen Sie sich bitte:

- Wie haben Sie Führung von unterschiedlichen Personen in unterschiedlichen Situationen jeweils erlebt?
- Was war wichtig? Worauf kam es an?
- Durch was hat sich für Sie ein/eine „gute/guter Chef/in" von einem/einer „schlechten Chef/in" unterschieden?
- Wie hat sich das „Führungsverhalten" der jeweiligen „Chefs" auf Sie, Ihre Leistung und Motivation ausgewirkt?
- Wie hat das Führungsverhalten Ihr Verhalten zu Ihrer Gruppe bzw. zu einzelnen Personen in der Gruppe beeinflusst?
- Was waren „problematische" Gestaltungen des Chef/in-Mitarbeiter/in-Verhältnisses?
- Haben Sie „Gegenstrategien" zur Führung entwickelt und wie erfolgreich waren diese?
- Welche Konsequenzen hat diese persönliche Lerngeschichte für
  - Ihre Einstellung zu Führung überhaupt
  - Ihr Verständnis Ihren Führungsaufgaben und
  - Ihr eigenes Führungsverhalten?

(Machen Sie sich zu den verschiedenen Fragen stichwortartige Notizen)

Und was ist mit dem Management?

Die Geschichte des Bedeutungswandels des Begriffs *Management* von der „Pferdedressur" über „Verwalter", „Leitende Angestellte" und der späteren Heroisierungrhetorik bis zum gegenwärtig zunehmenden Reputationsschaden und der Sündenbockrolle (vgl. S. 16), so dass die Funktionsbezeichnung *Manager* eher vermieden wird zu Gunsten von Bezeichnungen wie „Professional", „Unternehmer",

„Projektleiter" (vgl. M. Brocklehurst et al. 2010), soll hier nicht nachgezeichnet werden.

Die drei *primären* Formen[2] der Einflussnahme in einer Organisation sind: **Steuerung** (Kybernetik), **Management**, **Führung**. Es gibt verschieden Möglichkeiten, das Verhältnis der primären Einflussfaktoren zu systematisieren. Wir schlagen hier vor:

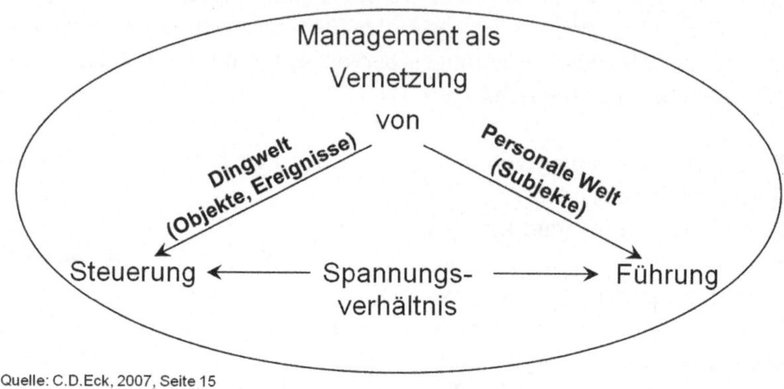

Quelle: C.D.Eck, 2007, Seite 15

Wird die grundlegende Funktion des Managements verstanden als die raum-, zeit-verrichtungsspezifische Verknüpfung von *Dingwelt* (Objekte, Zwecke etc.) und *Personaler Welt* (Personen, Gruppen, Kulturen), so ergeben sich folgende vier Dimensionen der Managementaufgabe:

[2] Die *sekundären* Formen der Einflussnahme sind: *Forschung, Beratung, Education,* (Training), *Propaganda* (auch PR genannt).

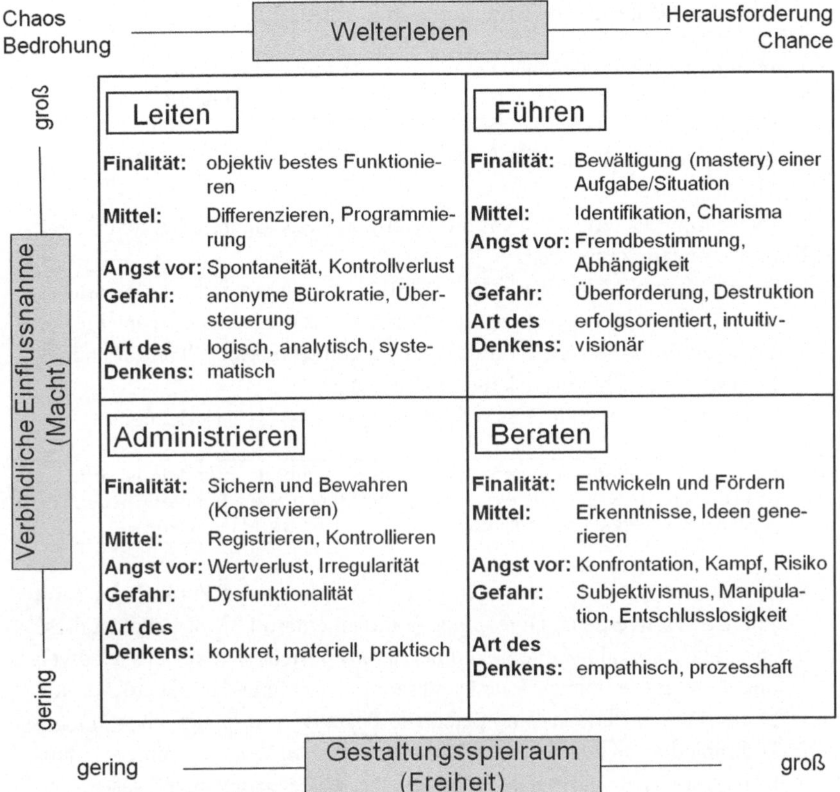

aus C.D. Eck: Führen durch Persönlichkeit?
in Schriftenreihen der Schweizerischen Gesellschaft für Verwaltungswissenschaften Bd. 20 (1992)

Mit dieser Typisierung der Managementaufgabe lässt sich u. a. auf folgende Weise arbeiten. Das Verständnis ist, dass weder eine *Organisation* (Organisationseinheit) noch das *Management* und schon gar nicht die mit Managementaufgaben betrauten *Personen* diesen Dimensionen gleichwertig gerecht werden. Aus welchen Gründen auch immer sind in einem gegebenen Zeitpunkt diese vier Dimensionen unterschiedlich gewichtet bzw. unterschiedlich kompetent gestaltet. Man kann also ein Profil erstellen, z. B. auf folgende Weise:

1. Gewichten Sie (Ihrer Einschätzung nach) diese vier Dimensionen nach ihrer Priorität und Effektivität in Bezug auf

Ihre Unternehmung / Organisationseinheit	**Sie selbst als Person und Ihre Cheftätigkeit**

(Geben Sie eine **4** für hoch ausgeprägt bis eine **1** für unterentwickelt, kaum spürbar)

Diese Einschätzung kann validiert werden, wenn mehrere Personen diese Einschätzungen vornehmen.

2. Vergleichen Sie das bzw. die „Profile" der Unternehmung/Organisationseinheit mit dem bzw. den Profil(en) von *Ihnen selbst* in Ihrer Rolle als Vorgesetzter. Sind die Profile konvergierend, divergierend, komplementär? Und was kann das bedeuten?
3. Machen Sie eine weitere Profileinschätzung (4-3-2-1) in Bezug auf:

andere Organisationseinheiten, mit denen Sie sich (bzw. Ihre Org.einheit) in intensiven Interaktionen befinden	**andere wichtige Interaktionspartner** von Ihnen, wie z.B. Ihr(e) Chef(s), Peers, Mitarbeitende

4. Was zeigen die Einschätzungen und Vergleiche in den Punkten 1+2 mit Punkt 3? Konvergenz, Divergenz, Komplementarität? Was bedeutet dies?
5. Die linke Vertikale (Leiten/Administrieren) bezieht sich auf die Dingwelt und diese beiden Dimensionen sind sehr gut kombinierbar. Die rechte Vertikale (Führen/Beraten) sind personale Prozesse und in sich ebenfalls gut kombinierbar. In der Horizontalen, also zwischen Leiten – Führen, Administrieren – Beraten besteht ein erhebliches Differenzpotenzial, das sich zu Spannungen und Konflikten entwickeln kann. Das größte Spannungspotenzial besteht in der Diagonalen (Leiten – Beraten, Administrieren – Führen).
6. Durch was könnte das „matching" der verschiedenen Profile optimiert werden? (Wenn man davon ausgeht, dass bloße Anpassung/Unterwerfung oder Dominanz/Durchsetzung der eigenen Präferenzen keine tragfähigen Kooperationsmuster sind.)
7. Vergleichen Sie das bzw. die „Profile" der Unternehmung/Organisationseinheit mit dem bzw. den Profil(en) von Ihnen selbst in Ihrer Rolle als Vorgesetzter. Sind die Profile konvergierend, divergierend, komplementär – und was kann das bedeuten?
8. Vergleichen Sie das bzw. die „Profile" der Unternehmung/Organisationseinheit mit dem bzw. den Profil(en) von Ihnen selbst in Ihrer Rolle als Vorgesetzter. Sind die Profile: konvergierend, divergierend, komplementär. Und was kann das bedeuten?

Thema dieser Schrift ist schwerpunktmäßig die **Funktion Führung**, welche aber nicht abstrahiert werden kann von der **Person** und **Persönlichkeit** des/der Funktionsträger(in)s (und der Geführten). Beide Phänomene sind Teilaspekte und daher nicht losgelöst („isoliert") zu betrachten von anderen Wirkfaktoren; vgl. Abb. 1.11.

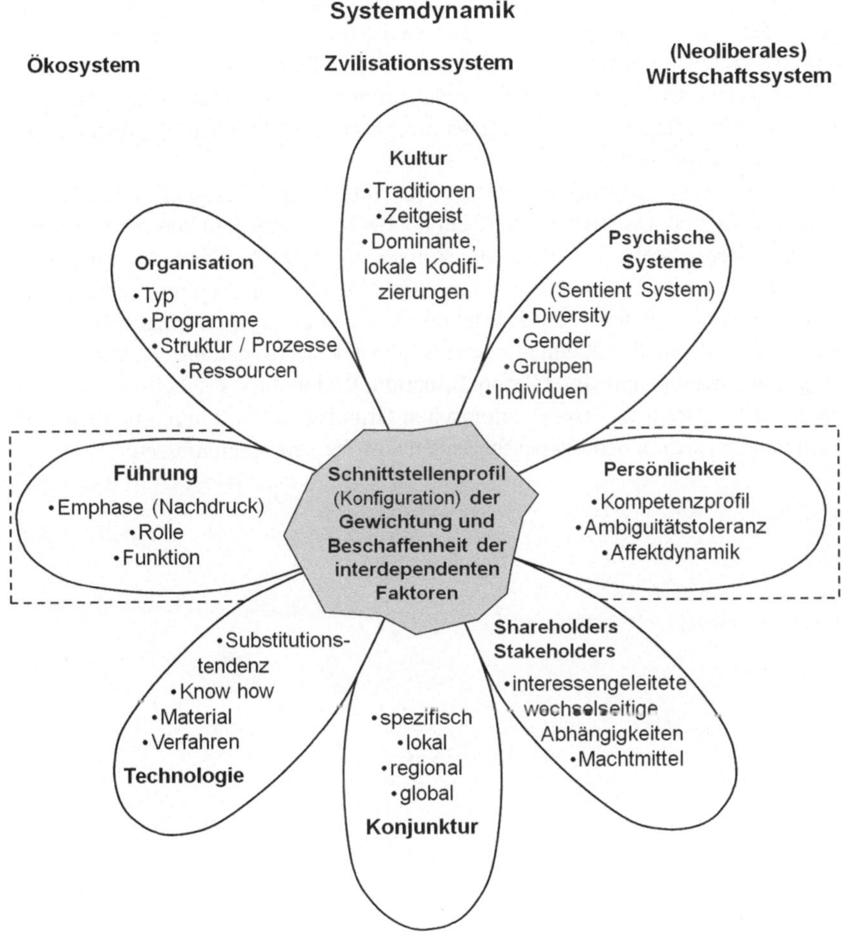

Und was ist mit Persönlichkeit gemeint?

In allen Themen, um die es in dieser Schrift geht, ist der *Mensch* und sein Handeln der eigentliche Bezugspunkt. Der Mensch als Individuum, als Kollektiv, als Urheber, Handelnder, Betroffener, Erleidender. Unter dem Einfluss jahrhundertelanger Debatten in Theologie, Philosophie und Jurisprudenz besteht darüber Konsens, dass jeder Mensch eine *Person* ist. *Person* ist nicht so sehr ein deskriptiver Begriff, als vielmehr ein *normatives* Konzept. Das heißt, als Person ist jeder Mensch Adressat gewisser Normen und Träger bestimmter Rechte. Das ist auch die argumentative Grundlage der Forderung der moralischen, rechtlichen (vor dem Gesetz) und politischen *Gleichheit*.

Aus dem Personbegriff hat sich seit dem Mittelalter der Begriff *Persönlichkeit* heraus entwickelt. Dadurch entstand ein höchst komplexes und kontroverses theoretisches Begriffsfeld. Die Persönlichkeitstheorien beschreiben die „typischen" Besonderheiten im Wahrnehmen, Empfinden, Denken, Streben und Handeln von Individuen und versuchen die Entstehung und Veränderbarkeit dieser Besonderheiten in konzeptuellen Rahmen wie z. B. genetische Ausstattung, Kultur, Milieu, Biographie, Kompetenz, Interaktion, Situation, Rationalität, Freiheit zu plausibilisieren. Die persönlichkeitspsychologischen Grundlagen von Führen und Geführtwerdenlassen sich in den beiden folgenden Grafiken zusammenfassen:

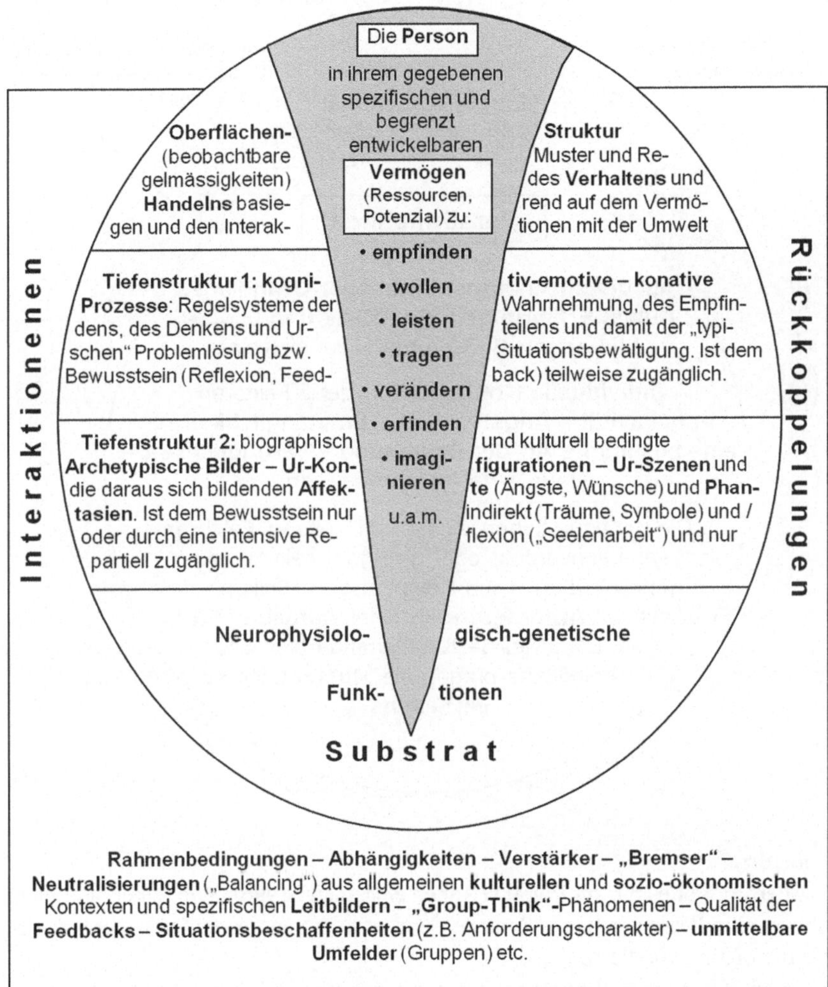

Quelle: Urheberrecht beim Autor; vgl. auch C.D. Eck (2010a, S. 279 + 283)

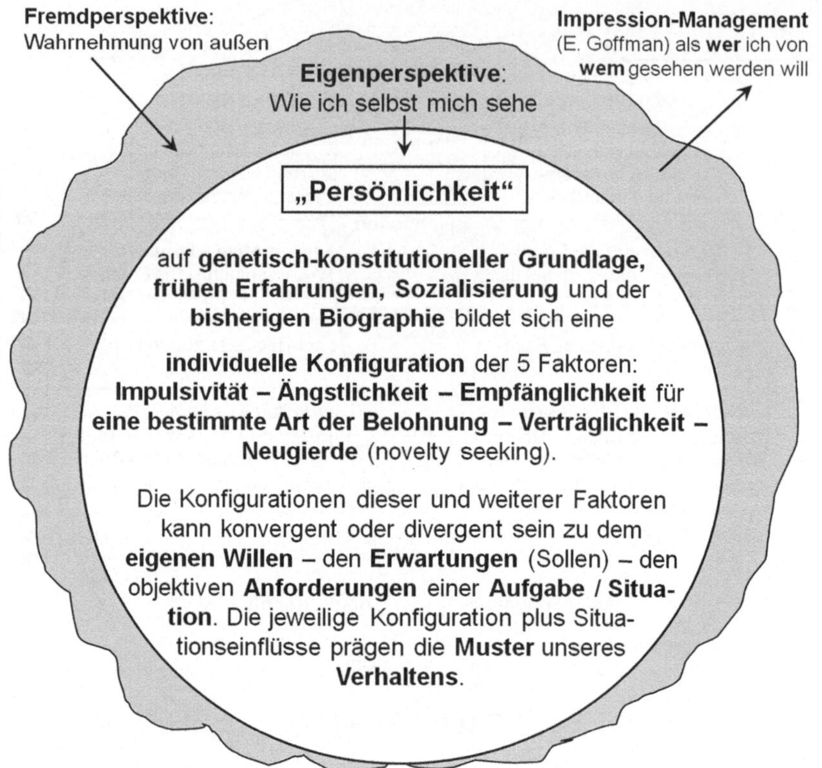

Außerdem:

„Person gibt es nur im Plural“ (Robert Spaemann 1996). Wir selber sind nicht isoliert **eine** Person, sondern Personen und was Person genannt wird, entsteht in der Interaktion von Personen.

Induktives Lernen (Entwicklung), d. h., eine vertiefte Auseinandersetzung mit den Auswirkungen und Motiven einer Handlung ist **wirkungsvoller** als **deduktives Lernen** (Entwicklung), d. h. sollorientiert und sanktionsbezogen (Belohnung/ Bestrafung).

Die Persönlichkeit und ihre Psychologie kann nicht angemessen verstanden werden, wenn die anthropologischen Grundlagen nicht mitbedacht werden. Diese „Natur“ des Menschen steckt den Rahmen seines Vermögens und Potenzials ab.

Oder wie Fr. Nietzsche formulierte: „Der Mensch ist ein Seil, geknüpft zwischen Thier und Übermensch, – ein Seil über einem Abgrund" (Also sprach Zarathustra, KSA, Bd. 4, S. 16)

Der Mensch, „weder Engel noch Tier" (Blaise Pascal), aufgespannt zwischen Bios und Geist, vielfach begabt und gefährdet, bewegt sich ständig in einem Sowohl-als-auch. Ausgehend von einer Anregung von R. H. Kilmann (1984), kann diese Ambivalenz, diese ständig präsente doppelte Möglichkeit (in unterschiedlichen Ausprägungsgraden) wie folgt dargestellt werden:

Menschen sind …	
1… vernunftbegabt, fähig, realistisch, analytisch und vorausschauend zu denken; sie können durch Bildung und Kreativität umsichtig auch komplexe Probleme lösen	1… nur begrenzt rational; sie treffen Entscheidungen auf der Basis begrenzter Informationen und oft einseitiger Perspektive
2… in der Lage, unvoreingenommen Informationen zu sammeln und „objektiv" zu verarbeiten, als Grundlage weiteren Lernens	2… haben ein beschränktes Gedächtnis und tendieren dazu, die Gedächtnisleistung und Erinnerung nach ihren jeweiligen psychischen Bedürfnissen zu verzerren
3… offen und unbefangen gegenüber neuen Problemen und gestalten ihre Beziehungen auf der Basis des natürlichen Selbstvertrauens; fähig, sich in andere Personen einzufühlen und sich ergänzend, zusammenzuarbeiten	3… oft verunsichert; ihre negativen Gefühle bezüglich ihres Selbstvertrauens und Selbstwertes schlagen sich in zahlreichen Abwehrmechanismen nieder und werden in dysfunktionalen Formen der Zusammenarbeit sichtbar
4… geleitet durch ihr Bedürfnis nach Zugehörigkeit, Solidarität, anpassungs- und verzichtbereit im Dienste einer Aufgabe oder Beziehung	4… oft machthungrig und haben starke Kontrollbedürfnisse, was ihre Ängste vor Abhängigkeit herabsetzen soll
5… neugierig, veränderungsorientiert, risikobereit, an Neuem interessiert.	5… gegenüber massiven Veränderungen skeptisch und reagieren umso konservativer, je mehr ihr Sicherheitsbedürfnis und Status tangiert werden könnte.
6… motiviert und fähig zu lernen und dadurch auch in der Lage, Lernschwierigkeiten zu überwinden	6… auch wenn sie sich durchaus für lernwillig halten, sind sie oft durch zahlreiche innere Lernhemmungen gekennzeichnet
7… durch ihr Streben nach Autonomie, Selbständigkeit und ihr Verantwortungsgefühl, ihre Geradlinigkeit und ihre Zivilcourage gekennzeichnet	7… auf der ständigen Suche nach Akzeptanz durch eine Gruppe oder wichtige Bezugspersonen; sie unterliegen dem Konformitätsdruck, in dem sie Gruppenzugehörigkeit und Geborgenheit erhalten, gegen die Bereitschaft, das zu tun, was die Gruppe oder die Bezugspersonen von ihnen verlangen

Menschen sind …	
8… zur Selbsterkenntnis fähig; können selbstkritisch reflektieren, sich in Frage stellen und sich klar verändern (umlernen); Empathie und auch Scham empfinden und sich um Wiedergutmachung bemühen	8… reagieren aggressiv auf kritisches Feedback; wehren dieses durch verschiedene Mechanismen ab; sie sind nicht fähig, sich in Frage zu stellen; perseverieren in Zielsetzung und Handeln; sind zu Empathie und Scham unfähig (Alexithymie)
9… und viele andere Möglichkeiten mehr	9… und viele andere Möglichkeiten mehr

Quelle: Eck (1990, S. 35), hier erweitert

Die dauernd präsenten Möglichkeiten des „*Sowohl-als-auch*" dürfen nicht zugeordnet werden nach einem Schema wie z. B.: „dieser Mensch (diese Menschen) ist/sind eher … und *jener* Mensch ist/sind eher …

Diese strukturelle Ambivalenz des Menschen ist mit der Metapher „Licht und Schatten" nicht wirklich erfasst. „Licht" und „Schatten" sind im Menschen eben nicht grundsätzlich getrennt, sind nicht separate Aspekte. „Licht" und „Schatten" kontaminieren sich gegenseitig! Auch „Schatten" hat es Restlicht und das „Licht" hat „blinde Flecken".

Gesellschaft und Persönlichkeit stehen sich nicht unvermittelt gegenüber. Der *allgemeine* Vermittlungsprozess ist die *Sozialisation*; sie konkretisiert sich in den *biographischen* Sozialisierungsprozessen (vgl. Eck 2015). Die in einem gegebenen sozio-historischen Kontext aufgrund kollektiver gesellschaftlicher Erfahrungen (z. B. dominierender Erziehungsstil) am häufigsten entstehenden typischen Einstellungen und Verhaltensweisen werden mit dem Begriff *Modalpersönlichkeit* (Linton 1936) bezeichnet.

Differenzierter ist das Konzept *Sozialcharakter*. Eingeführt wurde dieses Konzept durch E. Fromm (1945, 1981), P. Winterhoff-Spurk umschreibt den Begriff Sozialcharakter als „eine spezifische, je historisch dominante Konfiguration von Gefühlen, Denk- und Verhaltensweisen, die durch ökonomische, soziale und kulturelle Verhältnisse einer bestimmten Zeit und Region hervorgebracht wird" (2008, S. 161; vgl. auch 2005). Bekannte Beschreibungen verschiedener Sozialcharaktere finden sich unter den Bezeichnungen:

- autoritäre Persönlichkeit (Adorno et al. 1950)
- traditionsgeleiteter, innengeleiteter vs. außengeleiteter Mensch (Riesmann 1959; dt. 1956)
- narzisstische Persönlichkeit (z. B. Lasch 1980; Bierhoff und Herner 2009)
- histrionische (schauspielernde) Persönlichkeit (Winterhoff-Spurk 2008, Kap. 8)
- u. a.

Die komplexen Rahmenbedingungen und Interaktionen, die zur Bildung von Sozialcharakteren führen, lassen sich etwa so zusammenfassen:

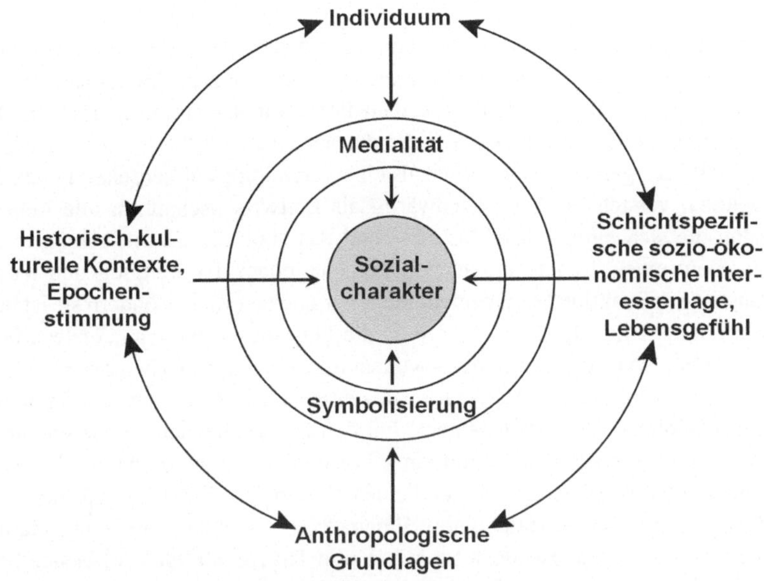

1.2 Warum die Führungsfrage wieder dringlich ist

Wie weiter oben angedeutet, ist das Thema Führung einerseits ein *Diskurs*, andererseits eine *Praxis*. Als Diskurs entwickelt er eine *Rhetorik*, d. h. eine Sprache, Sprachbilder (Metaphern), Argumente zu bestimmten Problemen und Legitimierungen (Topik). Die Rhetorik hat, wie dies schon Aristoteles (384–322) gesehen hat, die Aufgabe „an jeder Sache das möglicherweise vorhandene Überzeugende zu sehen" (Rhetorik 1355 b). Als Diskurs ist die Führungsrhetorik immer *perspektivisch, interessengeleitet*; sie vermag einen bestimmten *Erkenntnisgewinn* zu erbringen und findet in einem bestimmten Grad *Zustimmung* oder *Ablehnung*. Als *Praxis* (Handlung) besteht Führung aus typischen oder situationsspezifischen Mustern des Entscheidens – Nicht-Entscheidens, des Handelns – Nicht-Handelns. Diese Muster entsprechen jeweils einem bestimmten (Führungs-)Stil, sind für die Erreichung von Zielen, Problemlösungen effektiv oder ineffektiv und bestimmen wesentlich die Lebensqualität der Geführten in der Erfüllung ihrer Aufgaben. Diskurs und Praxis sind selten wirklich deckungsgleich. Bei zu großer Diskrepanz oder Widersprüchlichkeit entstehen Probleme der Glaubwürdigkeit, Effektivität, Demotivation und des psychischen Leidens. Als Handlungsfigur (Praxis) ist die Führung immer *kontextbezogen*, *branchen-organisationstyp-* und *personenspezifisch*.

Der Mainstream der Diskurse zur Führung und deren Praxis waren im 20. Jahrhundert dominiert vom Konzept *Management*. Vom Konzept des „Scientific Management" (Taylor 1856–1915) mit seinen Prozessanalysen und „Tools" bis hin zum „Dominium Mundi – Das Imperium des Managements" (Legendre 2007; dt. 2008). War Management ursprünglich als eine Verwaltungswissenschaft konzipiert und genutzt, versteht es sich gegenwärtig als Leitwissenschaft für alle Lebensbereiche, die sich *monetisieren* lassen – und das sind alle. Damit bekommt das Management einen Totalanspruch, vergleichbar jenem der Religion und Kunst. Führung ist der Funktion Management nicht nur nachgeordnet, sondern sie ist nunmehr *psychologisiert*. In dem Sinne, dass die Führungskräfte v. a. „Seelenarbeit" leisten sollen, Spezialisten für die sogenannten *Soft-Factors* (Personen – Gruppen – Kultur) sind und für Akzeptanz, idealerweise Identifikation, der Strategien und Entscheidungen des Managements bei den Mitarbeitenden zu sorgen haben. Von den organisationellen Machtmitteln weitgehend ausgeschlossen, wird von den Führungskräften Beziehungsarbeit und eine hohe Sozialkompetenz gefordert.

Managementversagen (Stichworte: Finanzkrise – spektakuläre Bankrotte und Wertvernichtung – wachsende Korruption und Korruptibilität – offensichtliche Dysfunktionalität usw.), die ökologischen Langzeitfolgen einer bestimmten Art des Managens, die sich in einer erhöhten Kadenz von Öko-Katastrophen bemerkbar machen, und die bedrohlich wachsenden Einkommens- bzw. Vermögensunterschiede lassen nicht nur die Fundamentalkritik am Prinzip Management radikaler werden. Die offensichtliche Inkompetenz bzw. Hilflosigkeit des Managements (v. a. der Global und Key Players – nicht so sehr des Managements der KMU, die aber auf die globale Entwicklung nur einen geringen Einfluss haben) und die imperativ gewordenen Herausforderungen bzgl. sozial gerechter *Existenzsicherung* aller Menschen – Sicherheit, Bildung, Förderung regionaler Kultur, gesellschaftliche Integration aller Bevölkerungsgruppen, Bewahrung der Umwelt, faire und verlässlich *funktionierende Regierung* und *Verwaltung* – tragen dazu bei, dass bei Experten und der Bevölkerung ein Krisenbewusstsein entstanden ist (vgl.u. a. J. Streglitz 2002; Beck 2008; Winterhoff-Spurk 2008; Klingholz 2014). Führung findet zunehmend in gesellschaftspolitischen Kontexten statt.

Der Ort, an dem das moderne Managementdenken und seine Konkretionen verwurzelt sind, ist die westliche Tradition. Die angelsächsische Tradition allgemein und die US-amerikanische im Besonderen kann bezüglich der Managementtheorie und Managementpraxis als die in den letzten 100 Jahren einflussreichste angesehen werden. Durch die sogenannte Globalisierung scheint sich das Anwendungsfeld der westlichen Konzeption des Managements universalisiert zu haben. Die entscheidende Universalisierung und Hegemonie des Managements geschah durch dessen Ausdehnung auf die *Governance*. Management war bezüglich Auftrag und Zuständigkeit, der Aktoren, der zur Verfügung stehenden Ressourcen, des Zeitrahmens (z. B. Amtszeit, Wahlperiode, Geschäftsjahr) immer *begrenzt*. Diese Komponenten strukturierten sich in teilweise immer größer und mächtiger werdenden Organisationen, aufgebaut v. a. nach Kommandolinien (Entscheidung – Ausführung), Zentrale – Peripherie, und alles zusätzlich verkompliziert durch die Modelle der Matrix-Organisation. Und selbstverständlich gab es Kämpfe und Rivalitäten um Zuständigkeit, Größe und Macht, was viel Energie und Ressourcen absorbierte und Organisationen nicht nur bis an den Rand des Abgrunds bringen konnte, sondern auch offensichtlich darüber hinaus.

Durch verschiedene langfristige, komplexe Prozesse vorbereitet, erfolgte im Management ein Paradigmenwechsel. Dessen hauptsächliche Kennzeichen sind: die *Entgrenzung* vom Lokalen zum Globalen und die Verlagerung vom konkreten Objekt bzw. der konkreten Funktion zum Kontext. Dezentrale, netzwerkartige Aggregate dienen der *Kontextsteuerung* (Willke 1997), nicht mehr der punktuellen Intervention: Objekt – Ort – Zeit (vgl. auch „Empire ohne Zentrum", Hardt-Negri 2000; dt. 2002). Das Schaffen *günstiger Ausgangslagen* ist jetzt die generelle Zielsetzung. Außerdem: Das Management wird nicht mehr so sehr repräsentiert durch die Aktoren selbst, sondern durch Prinzipien. Diese Prinzipien leiten sich ab einerseits aus dem „Geist des Kapitalismus" (Max Weber) in seiner jeweiligen Phase (vgl. Boltanski und Chiapello 2001, dt. 2003) und den traditionellen, aber jetzt hoch technisierten militärischen Prinzipien: Organisieren – Koordinieren – Befehlen – Kontrollieren (vgl. Legendre 2007, 2010, S. 125). Das neue Paradigma heißt *Governance*.

Governance als Kontextsteuerung und Universalisierung einerseits des Effizienzprinzips des Managements und andererseits des Prinzips maximal möglicher Rendite entstand aus der Kritik an der Ineffizienz, der Langsamkeit, Inertie, der Tendenz zur „faulen" Kompromissbildung, an dem nicht eben seltenen Scheitern des Governments, der Regierung – nicht nur staatlicher Gebilde. Es braucht keine umständlich einzurichtende Weltregierung. Governance scheint zu genügen. Dominium mundi *durch* Verwestlichung der ganzen Welt und das Prinzip Management als universelles Effizienzprinzip. Wo nur noch die Prinzipien *einer* bestimmten kulturellen-historischen Provenienz gelten und verabsolutiert werden, gibt es kein wirkliches *Gegenüber* mehr und damit auch keine letztliche Verantwortung und keine Balance mehr. Die klassischen Gegenüber wie sie sich in den verschiedenen Konzepten konstituierten: Gott, Natur, Mensch (als Subjekt), Kultur, Staat, Gesellschaft, das Recht usw. sind tendenziell dekonstruiert, abgeschafft, zerstört, kolonialisiert, dienstbar gemacht oder als bloßes Bildungsgut konserviert.

Das alles hat unmittelbare Auswirkungen auf die Arbeits- und Berufswelt. *Entgrenzung*, work load, *Zur-Disposition-Stehen*, und „*sauve qui peut*“ charakterisieren die Lebensqualität in der Arbeitswelt. Entgrenzung des Arbeitsorts: „smarte“ Büros, Unterwegssein, zuhause und in der Arbeitszeit: dauernde Erreichbarkeit, Jahresarbeitszeiten anstelle fixierter Tages-, Wochen- Monatsarbeitszeiten.

Nicht nur die „*total compensations*“ sind irreal, auch und vor allem die „*work load*“ ist es. Selbstverständlich enthält die (meist männliche) Rede von den „70–80-Stunden-Wochen“ auch einiges an spätadoleszenter Potenzprotzerei, aber die durchschnittliche work load der oberen Kader ist nicht nur (selbst-)ausbeuterisch, sondern fatal. Fatal für Qualität, Substanz und Kreativität der Arbeitsergebnisse, die doch gerade von dieser Hierarchiestufe erbracht werden müsste und ihre Legitimationsgrundlage wäre.

Qualitätsminderung (durch Aktivismus und impression management zwar für eine Weile zu vernebeln), Raubbau an der Gesundheit (vgl. die französische Redewendung „brûler la chandelle par les deux bouts“), totale Einseitigkeit, Erschöpfungszustände, Medikamenten- und Alkoholmissbrauch, Burn-out und Depression – mit allen verstärkenden Auswirkungen auf das soziale Beziehungsnetz – sind die gehäuft auftretenden Symptome und Folgen, der Preis für hohe Einkommen, Macht, Prestige, bei öfters nicht nur personenbedingter Überforderung in dem unmöglichen Beruf des Managers. Managementgläubige Zyniker werden entweder sagen: Das ist das „pricing des Risikos“ oder „es sind (waren) halt nicht die Richtigen“. Der fall-out dieser nicht menschengerechten Situation wird bearbeitet in Psychotherapien, (Entzugs- und Rehabilitations-)Kliniken, gelegentlich durch Gerichte, es ist beobachtbar an der Wohlstandsverwahrlosung und am fast vollständigen Disengagement der Kader bzgl. öffentlicher, gesellschaftlicher Aufgaben, sofern es sich nicht um delegiertes Lobbying handelt. Prinzipien können eine totalitäre Tendenz haben. Management als Dominium mundi *ist* totalitär. Nicht durch einen äußeren Zwang, sondern durch Verführung und die Verinnerlichung der „Heilsversprechungen“ der Religion des Marktes und des Leistungsprinzips.

Nicht nur lokale Führungsverhältnisse werden „gemeinsam konstruiert“. Auch eine *Organisation* (Institution) als Ganzes und als Typ und deren Management als Funktion und Typ sind eine *Ko-Produktion*. Eine gegebene Organisation schafft sich ihr Management und das Management sucht sich, schafft sich die komplementäre Organisation. Organisationsdynamik und Psychodynamik bedingen und ergänzen sich gegenseitig. N. Elias (1969) hat diesen grundsätzlichen Sachverhalt unter dem Begriff der *Konfiguration* gefasst und analysiert. Daraus ergibt sich die interessante Fragestellung: Welche Organisation produziert welches Management? Und welches Management (als Typ und Person) produziert welche Organisation? In der empirischen Beantwortung dieser Fragen kann das beunruhigend große Potenzial an Psychopathologie auffallen. Wenn von der Psychopathologie (der

Arbeit, der Organisation, des Managements) gesprochen wird, so ist damit weniger die Nosologie (Krankheitslehre) der klinischen Psychologie gemeint, sondern die Erforschung der psychischen Mechanismen und Dynamiken von Individuen und Kollektiven angesichts der Herausforderungen und des „Leidens“ der modernen organisationellen Formen der Arbeit (vgl. Lhuilier 2009). Die Psychopathologie von Organisationen und innerhalb des Managements findet ein zunehmendes wissenschaftliches und professionelles Interesse (z. B. im Rahme der betrieblichen Gesundheitsförderung). Aus der Fülle der existierenden Untersuchungen und Monographien sei hier nur auf O. F. Kernberg (1998, dt. 2000), M.F.R. Kets de Vries (1991, 1997, 1998), G. Dammann (2007), A. Laoukili (2009) verwiesen.

Das allgemeine diffuse Unbehagen bezüglich des Managements und die gezielte Kritik an Management und seinem Leistungsausweis rückt die Frage der *Führung* in den Vordergrund. Führung als zielführende „sozio-affektive Einflussnahme auf Menschen durch *Repräsentation* einer übergeordneten Idee bzw. eines solchen Wertes und durch den Aufbau eines ausreichenden Identifikationspotenzials“ der Mitarbeitenden mit den Herausforderungen einer Aufgabe, einer Situation, aber auch mit ihren eigenen Ressourcen und Lösungspotenzialen. (Eck 2007, S. 17). Das neue Interesse an der „Führungsfrage“ konkretisiert sich v. a. auf zwei Ebenen:

in der Frage „*Was ist Führung*?“ Wie funktioniert sie? Wie kann die Führung entwickelt werden? (Vgl. „How can we train Leaders if we do not know what Leadership is?“, Barker 1997, S. 343–362.)

in den Assessements, der Laufbahngestaltung und der Entwicklung (Training, Mentoring, Coaching) von *Führungskräften.*

So ubiquitär das Phänomen Führung und so unverzichtbar diese Funktion (z. B. als Schließung der unvermeidlichen Managementlücken) ist, so sehr enthält der Ruf nach Führung auch ein großes Illusionspotenzial. Das ist dann am größten, wenn das Phänomen Führung auf die Frage nach dem *Führer* und der *„Führerpersönlichkeit“* reduziert und heroisiert wird.

1.3 Führung ist eine Inszenierung

Damit Führung konkret werden kann, muss sie inszeniert werden. Führung ist kein Dauerphänomen, das ständig sichtbar ist. Das Abstraktum Führung konkretisiert sich in einer Vielzahl von *Führungsszenen.* Formal gesehen ist eine Szene eine Interaktion von Personen – an einem bestimmten Ort, zu einem gewissen Zeitpunkt, vor Zuschauern – und hat immer eine (gewollte oder ungewollte) Wirkung. Szenen ereignen sich nicht isoliert, sondern sind Teil eines größeren Handlungszusammenhangs. Dabei stellen sich die Fragen: Was ist das *Thema* (Problem), die

Situation, was sind die *Absichten* und *Handlungsmöglichkeiten* der *Akteure* usw.? Die Akteure in einer Szene stehen in einer wie auch immer gearteten Beziehung und Beziehungsgeschichte zueinander. Und jede Szene kann eine Stabilisierung des Beziehungsgefüges sein oder deren unmerkliche Schismogenese oder radikale Veränderung bedeuten. Die eigentliche Funktion des Inszenierens ist die *Produktion von Präsenz*. Es geht darum, etwas zu vergegenwärtigen, aufzuzeigen, sicht- und spürbar zu machen. Führungstheorien, Führungsmodelle sind nur in dem Ausmaß nützlich, als sie Anregungen geben, wie konkrete Anliegen einer Führungsintervention erlebbar, präsent, effektiv gemacht werden können. Erst dann nämlich kann man sich damit auseinandersetzen, kann Stellung dazu nehmen. Die Inszenierung von Führung schafft Präsenz: Präsenz aber nicht nur des Vorgegebenen, Behaupteten, Gewollten, sondern präsent (sicht-, spürbar) kann auch werden z. B. die Ambivalenz, die „eigentliche" Absicht, das „Selber-nicht-ganz-überzeugt-Sein". Der Inszenierung von Führung stellen sich deshalb Fragen nach der *Glaubwürdigkeit* als Ergebnis von Aufrichtigkeit (sincerity) und Authentizität (Echtheit). Die Akteure einer Führungsszene und deren Zuschauer werden beobachtet (*alles* in einer Organisation wird beobachtet!) und beurteilt im Hinblick auf das, was „echt, überzeugend" ist, was Fakten sind und was „fake", „hype" oder Manipulation ist. Und auf das, worauf es wirklich hinausläuft, um was es wirklich geht, und auf wessen Kosten.

Auch wenn Führung immer ein gemeinsam konstruiertes Beziehungsverhältnis ist, so ist die Führung, das providing leadership, eine *Performance*. Diese besteht darin, **a**) sich als *Person* und als *Repräsentant* (einer Organisation, Funktion, Position, einer Idee, eines Wertes) einzubringen und darzustellen – was immer auch ein Risiko darstellen kann – und **b**) aus einem Verhältnis des Gegenüberseins (evtl. sogar Entgegengestelltseins) zu einem Verhältnis des Miteinanders und Gemeinsamen zu kommen. In anderen Worten die zentrifugalen Kräfte (Vektoren) in zentripetale umzuwandeln. Dafür ist „Geistesgegenwart", Kreativität, einen „langen Atem" haben, Engagiertsein und Gelassenheit viel entscheidender als die „Regieanweisungen" aus Führungsmodellen und Führungsrichtlinien. Eine Performance besteht darin, dass der/die Künstler/in nicht einfach eine Rolle aufgrund eines vorgegebenen Textes spielt, sondern die Performance gelingt dann, wenn in einer Szene die Akteure ihre Rollen *sind* (nicht nur spielen, wiederholen) und wenn etwas anderes, Neues, Überraschendes, Innovatives sich *ereignet*. Führung im Unterschied zu dem eher kontinuierlichen Management ereignet sich – oder eben nicht. Dann entsteht ein „lack of leadership". Und da Organisationen grundsätzlich kein Vakuum ertragen, führt dies zu einem horror vacui oder zu Chaos: informelle Führung, ungeklärte Führungsansprüche, Intrigen, Seilschaften.

Grundlage der Dramaturgie effektiver Führung

2

Führungsbedarf	Führungsanspruch	Führungsgrundlage	Führungserfolg

2.1 Gibt es überhaupt einen Führungsbedarf?

Die *Kybernetik* (Steuerung) organisatorischer Gebilde und das *Management* von Unternehmungen in ihren Projekten und Zielen sind *Daueraufgaben* und tendieren zur Reglementierung, Normierung mit jeweils generellem Gültigkeitsanspruch. Führung hingegen ist *situativ* und *lokal*. Weitsicht ist auch für die Führung unerlässlich, planen lässt sich Führung aber nur sehr beschränkt. Führung hat *Ereignischarakter*, d. h., sie ereignet sich oder eben nicht. Ein Ereignis ist immer ein „Effekt", der seine Gründe zu übersteigen scheint, „in einem Raum der von dem Spalt zwischen einem Effekt und seinen Ursachen eröffnet wird" (Žižek 2014, S. 9). Führung ereignet sich auf eine je besondere Weise; sie ist die *Antwort* von Personen auf eine situative *Herausforderung*. Situationen können krisenhaft sein und/oder große Chancen, Opportunität enthalten. In beiden Konstellationen braucht es Führung. Das Tagesgeschäft benötigt keine Führung, wohl aber ist Management präsent. Der sogenannte Routinebereich, der Normalfall, ein gut eingespieltes Team usw. benötigen keine Führung – sie steuern und koordinieren sich weitgehend selber. Führung ist immer eine *Intervention*. Intervenieren, wo es gar nicht notwendig ist, irritiert, dämpft die Initiative und Eigenmotivation und macht passiv abwartend. Nicht-Intervenieren, wo (bzw. wann) es notwendig oder hilfreich, unterstützend wäre, ist tatsächlich ein Versäumnis mit oft gravierenden Folgen. Die Frage ist deshalb immer: wann, wo, bei wem und durch wen?

C. D. Eck, *Persönlichkeit und Führung*, essentials,
DOI 10.1007/978-3-658-08293-2_2

Gibt es einen Führungsbedarf?
Indikatoren für einen Führungsbedarf können sein:

- **Reduktion von gegebener bzw. mutmaßlicher Unsicherheit**, Komplexität, Orientierungslosigkeit, Gerüchte, Veränderungen, Notwendigkeit von Rückkoppelung bzgl. Ergebnissen oder Wirkungen etc.
- **Entscheidungssituationen**, Qualitäts- und Verhaltensnormen, Kriterien, Beurteilungen sind zu vereinheitlichen, Handlungen sind zu ermöglichen, mit Widerstand ist umzugehen etc.
- **Koordination** von komplexen Schnittstellen, Konzentration, Synergien gewinnen, Kommunikation, Repräsentation nach außen, Übernahme von Verantwortung (anstelle der „organisierten Verantwortungslosigkeit", Arendt 1987) etc.
- **Integration** zentrifugaler Kräfte, „Kampf um Anerkennung" (von Personen, Interessen, Argumenten), Konfliktpotenziale erkennen, beilegen oder lösen, Teambildungsprozesse (insbesondere bei strukturellen und/oder personellen Veränderungen), Verarbeitung von Enttäuschung/Misserfolg, Ermutigung und Ausdauer etc.

Das rechtzeitige Erkennen eines Führungsbedarfs und dessen ruhige, überlegte und entschlossene Beantwortung – aber immer nur so viel wie notwendig – ist eines der dramaturgischen Elemente der Führung.

2.2 Was ist und wie legitimiert sich ein Führungsanspruch?

Ohne einen *Führungsanspruch* gelingt Führung nicht. Das ist einerseits ein „*innerer*" Führungsanspruch und/oder ein *expliziter* Führungsanspruch, der sich manifestiert und unter Umständen auch gegen Widerstand oder Führungsansprüche anderer durchgesetzt werden muss. Einen Führungsanspruch haben ist mit einer gewissen Ambivalenz verbunden. Eine durch die christlich-bürgerliche Erziehung lange geförderte Sekundärtugend ist „Bescheidenheit", „Sich-nicht-Vordrängen", „Warten, bis man gerufen wird", usw., was sich in bestimmten Verhaltensweisen niederschlägt. Die Skepsis gegenüber einem Führungsanspruch wird oft verstärkt durch ungeschickte Inszenierung, durch Führungsansprüche, die nicht durch Kompetenz, Erfolge und Akzeptanz der Akteure gedeckt sind. Oder dadurch, dass das Gerangel um den Führungsanspruch zu lange dauert und Energien, Zeit und Ressourcen bindet, die der Situationsbewältigung und Aufgabenerfüllung abgezogen sind bzw. die Kohäsion (den Zusammenhalt) der Gruppe unterminieren. Grundsätzliche Skepsis gegenüber einem bestimmten Führungsanspruch kann auch aus ideologischen Gründen, z. B. aus dem Postulat von Gleichheit, Ablehnung von Macht und aus einer Psychodynamik heraus erfolgen, in der z. B. alle Unterschiedlichkeit und Differenz als bedrohlich erlebt wird und deshalb eingeebnet oder geleugnet werden muss. Skepsis mag gegenüber einem Führungsanspruch oft angebracht sein, wohingegen die aus ideologischen bzw. psychodynamischen Gründen erfolgende generelle Ablehnung eines Führungsanspruchs sich als eine *Verhinderungsmacht* auswirkt: „Ich habe zwar einen Führungsanspruch, sehe aber keine Chance, einen solchen durchzusetzen, aber ich kann verhindern, dass sich ein anderer Führungsanspruch durchsetzt."

Das zweite dramaturgische Element der Inszenierung von Führung ist die Auseinandersetzung mit der Frage des Führungsanspruchs. Führung kann nur gelingen, wenn ein Führungsanspruch da ist, d. h., wenn geführt werden will.

Wer hat einen Führungsanspruch?
Und wie konkretisiert sich dieser?

Komponenten eines Führungsanspruchs sind:

- Ein plausibles **Konzept:** Bzgl. der „mission", der „primary task" bzw. des gegenwärtig zentralen ungelösten Problems des aktuellen oder zukünftigen Führungsbereichs.
- **Entscheidungsvorbehalt:** diesen legitimieren bzgl. bestimmter wesentlicher Probleme, Situationen (kritischer Ereignisse); Investitionen etc.
- **Kontrollvorbehalt:** Was und warum ist es wirklich relevant, etwas als „Chefsache" zu kontrollieren; wie kann aber die Selbstkontrolle gefördert werden?
- **Konfliktmanagement:** Konstruktive Einstellung zu Konflikten, d. h. diese nicht als eine Störung, sondern als Chance wahrnehmen. Welches sind die präferierten Strategien einer stabilen Konfliktlösung? Führen heißt auch, sich Konflikten zu stellen, diese anzusprechen und geeignete Strategien zu deren Beilegung zu entwickeln. Ein Führungsanspruch zeigt sich gerade nicht im „Dreinfahren", Überrumpeln, Machtspiel, sondern darin, „etwas positiv zu bewegen, vorwärts zu bringen".

In diesen Punkten, die einen formativen Gehalt haben, entscheidet sich das Niveau und die Substanz der Führungsansprüche. Davon hängen auch die *Bewährungs-*

wahrscheinlichkeit und die *Akzeptanz* ab, d. h. das Identifikationspotenzial des Anspruchs auf Führung für die Geführten. Führungsanspruch heißt, ein plausibles, situationsbezogenes Konzept der Aufgabenlösung und Entwicklung zu haben.

2.3 Das ambivalente Verhältnis von Führungsdynamik und Organisation

Organisationen und ihre konstituierende Aufgabe (Funktion) müssen gemanagt werden. Dies geschieht primär durch *Entscheidungen*. Diese beziehen sich ständig auf die Grenze(n) zwischen dem *System* Organisation und ihrer *Umwelt* – wozu auch die Menschen in der Organisation gehören. Entscheidungen sind temporäre *Festlegungen* von Handlungen (bzw. Nicht-Handlungen, Unterlassungen, Verzichte), Normen und Regeln, Strukturen usw. Bestimmte Organisationstypen entwickeln eine für sie spezifische *Kultur*, die typisch ist für die Art der Organisation: z. B. internationaler Konzern, Großbetrieb, KMU, Familienbetrieb bzw. deren *ideologische* Grundlage, z. B. Rendite, Politik, Gesetze und Regeln, Wissen, Beziehungsqualität, Generationenabfolge (vgl. Apelt-Tache 2012; Boos-Mitterer 2014). Die Finalität des Managens von Organisationen fokussiert Sicherheit, Stabilität, Kontrolle, Planbarkeit, Versachlichung, Allgemeingültigkeit der Regelungen und Normen in einer Organisation. Dazu dienen die oft mit großem Aufwand erarbeiteten Techniken und Tools.

Die Finalität des Führens, der Leadership kann dazu in einem Spannungsverhältnis stehen. Führung präferiert die klare Meisterung situativer und personeller Herausforderungen, Beweglichkeit (Anschlussfähigkeit) durch Optionalität. Das kann sich sowohl in einem raschen flexiblen Reagieren (Eingreifen) konkretisieren, aber auch durch beharrliche Förderung bestimmter Werte und Qualitäten. Ersteres gibt der Führung den Akzent der *mastery* (Bewältigung, Durchsetzung, „Sieg"), Letzteres einen *pädagogischen* Akzent (Entwicklung, Lernen, Entfaltung von Ressourcen und Werten). Man kann sich fragen, ob „Führung" überhaupt eine Funktion sein kann oder nicht vielmehr ein *Ereignis* ist. Führung ereignet sich, findet statt (oder eben nicht), sie kann situativ oder problemspezifisch auftauchen (Emergenz) und ist nicht zwingend an eine bestimmte Position gebunden. Und Führung ist ein „Personengeschäft", d. h. direkte, bewusste oder auch unbewusste Interaktionen zwischen Personen.

Die Unterschiedlichkeit von „managen" und „führen" muss kein unüberwindlicher Gegensatz sein. Management und Führung können sich in einer elastischen Spannung ergänzen, sie können sich aber auch gegenseitig blockieren und sabotieren. Dieser Sachverhalt wird in organisationspsychologische Konzepte gefasst wie z. B. „*Informelle Führung*“ (vgl. u. a. Bales 1982; Weinert 2004) oder „*Rebel Leadership*“ (Downton 1973) oder „*Charismatische Führung*“ (Eck 1999) oder das Konzept „*Empowerment*“.

Um ein produktives Verhältnis von Management und Führung innerhalb von Organisationen zu erreichen, sind deshalb die folgenden Fragen zu stellen:

Welches sind die realen Führungsgrundlagen?

Organisationsbezogen:

- Struktur (Aufbauorganisation)
- Stabilität der Situation
- Klarheit der Rollen
- Ressourcen (Allokation, Disposition)

Personenbezogen:

- **Qualifikation** der *Führungsperson(en)*, deren Kompetenzniveau und -spektrum: nur hard-factors oder auch soft-factors, Psychodynamik der interagierenden Personen
- **Qualifikationsniveau** der *Geführten*, deren Wissen, Erfahrung, Kompetenzspektrum, Autonomieansprüche etc.

Die Analyse und das matching (Passung) der Aspekte Führungsbedarf, Führungsanspruch und Führungsgrundlagen machen das Eintreten des Führungserfolgs wahrscheinlicher.

Führungserfolg

in seinen interdependenten Dimensionen von:

- **Effektivität/Effizienz** (Lokomotion, Ergebnisse, Wirkung) – beurteilt von wem und in welcher Perspektive?
- **Kohäsion** (Zusammenhalt, Legitimation, Akzeptanz trotz immer vorhandener zentrifugaler Kräfte)
- **Identifikation** (Motivation, commitment, Solidarität, Inklusion)
- **Zufriedenheit** (Befriedigung, Lust) bzgl. Arbeits- und Führungsverhältnis

2.4 Führung bedeutet Mehrwert und Empowerment

Die Frage des Führungserfolgs zeigt nochmals die Mehrdimensionalität der Führung auf: Was ist Führungserfolg? Wer beurteilt und in welcher Perspektive den Führungserfolg? Wem oder was wird der Führungserfolg (bzw. dessen Ausbleiben) attribuiert? Auf die Emotionalität, Konflikthaftigkeit und Interessenlage des Phänomens Führung wurde schon hingewiesen.

Wenn Führung indiziert ist, also benötigt und entsprechend inszeniert, gestaltet wird, schafft sie für alle Beteiligten und für die Aufgabe oder Situation, um die es geht, einen *Mehrwert*.

Der Führung wohnt ein dialektischer Aspekt inne. Damit Führung gelingen kann, ist es notwendig, **a**) dass die Geführten ihre Energie und Ressourcen zur Verfügung stellen und **b**) dass sie auf einen Teil ihrer Autonomie (Selbstbestimmung) verzichten und eine partielle Fremdbestimmung ihrer Handlungen und Verhaltensweisen durch die Führungsperson zulassen. Das ist erst dann kein „Verlustgeschäft", keine Minderung, wenn bestimmte Erwartungen erfüllt werden. Nämlich die, dass durch diese Transaktion ein Mehrwert entsteht. Ein Mehrwert bzgl. Lösung von Problemen, Lernen, sozio-ökonomische Sicherheit. Dazu gehört auch die Erwartung der *Restitution* (Zurückerstattung). Die Restitution kann die Form der *Kompensation* (z. B. materieller Art) annehmen, aber v. a. auch sozialpsychologische Formen des Mehrwertes wie z. B. Anerkennung, Zufriedenheit, Lernen und Erfahrung, Arbeitsmarktfähigkeit.

Die Transaktionen der Geführten mit der Führungsperson sind *widerrufbar*, sie können zurückgenommen werden, wenn die Erwartungen nicht erfüllt werden bzw. keine begründete Aussicht besteht, dass sie erfüllt werden. Die Führungsperson kann nur so lange über das Potenzial der Geführten verfügen, als deren Erwartungen erfüllt werden und die Führungsperson sich mit den Geführten in einer gewissen Weise identifiziert – so wie diese sich mit der Führungsperson identifizieren. Diese wechselseitige Identifikation ist ebenfalls dialektisch: Ist die Identifikation mehr eine mit den Geführten oder mehr eine mit der Organisation, welche die Führungsperson einsetzt und unterstützt? Auch die *Organisation* muss sich in einer gewissen Weise mit der Führungsperson identifizieren („in sie Vertrauen haben") und die *Führungsperson* mit der Organisation, ihren Zielen, Strategien, Strukturen. Wenn diese wechselseitigen doppelten Identifikationsprozesse unterkritisch werden, kann Führung nicht gelingen. Diese komplexen Interaktionen sind auch im Konzept des *Empowerment* enthalten. Dieses Konzept wurde ursprünglich in der US-amerikanischen Gemeindepsychologie (Community Psychology) von u. a. Julien Rappaport (1984) entwickelt. Empowerment ist das Ergebnis von Strategien und Maßnahmen, die es Personen, Gruppen und Organisationen ermöglichen, ihre Interessen selber zu vertreten, ihre Ressourcen selbstbestimmt einzubringen und ihre Gestaltungsspielräume zu erweitern. Eigeninitiativen und „eigenständiges Reflektieren" werden gefördert. Der Passivierung von Menschen unter dem Einfluss von wohlmeinenden Experten („Beratern"), die vor allem auf die Defizite, auf das „Noch-nicht-Können" ihrer Klientel fixiert sind, wird entgegengewirkt. Selbstverantwortung, Selbstkompetenz, Selbstbestimmung sind Ziele und Resultat des Empowerment.

In der Organisation- und Managemententwicklung hat das Konzept Empowerment ebenfalls Eingang gefunden, oft aber nur als Schlagwort und als Verbrämung von Ideologien die, entgegen ihrer Rhetorik, in der Praxis Menschen zum Mittel machen. Empowerment erhöht die Komplexität und die Herausforderung der Führungsaufgabe. Durch Empowerment ermächtigte Mitarbeitende und Teams (z. B. als teilautonome Arbeits- oder Projektgruppen) sind schwieriger zu führen. Sie relativieren die Asymmetrie Organisation/Vorgesetzter – Mitarbeiter, heben sie aber nicht auf. Aber ebenso unbestreitbar ist, dass die Motivation und die *Kapazität* (capability) von solchen Gruppen und Mitarbeitenden wesentlich größer und beständiger ist. Es ist aber *anspruchsvoller*, empowerte Mitarbeiter zu führen, obwohl sie paradoxerweise „seltener" geführt werden müssen. Die eine Frage ist, ob die Organisation dies wirklich *will*, nicht nur rhetorisch, und ob die Organisation ihrerseits lernfähig ist. Organisationen haben ihrer Funktionsweise nach einen „Totalitätsanspruch", das sog. Institutionelle Apriori. Der Totalitätsanspruch schafft eine enorme Bürokratie und endet in der Kontrollillusion und in der Spaltung von „reported reality" und „how it realy works". Und die andere Frage ist, ob die Führer das *können*, im Modus des Empowerment Personen und Gruppen zu führen, bzw. was es an Führungstraining braucht, um die Führenden dazu zu befähigen. In der Praxis stellten wir oft fest, dass, entgegen der offiziellen Rhetorik, die Organisation und ihre Manager die Führungskräfte und Mitarbeitende *entmächtigen*, anstatt sie zu ermächtigen. Das kann insbesondere in Change-Situationen vom Typus „Turnaround" beobachtet werden.

3 Führung wurzelt in einem Ethos

Die Arbeitshypothese bezüglich unseres Themas „Führung und Persönlichkeit“ geht davon aus, dass „Führung“ bzw. „Führen“ ein Interaktionsgefüge von Personen ist. Zwar kann man z. B. in der Mechanik von „Führungsschiene“ sprechen oder im Verkehrswesen von „Linienführung“; es handelt sich dabei aber um einen Gebrauch von Worten in uneigentlicher Bedeutung. Das Interaktionsgefüge ist beeinflusst von verschiedenen Faktoren wie z. B. kultureller Traditionen, Rahmenbedingungen, Ort und Zeit. Die Interaktionen „Führen“ können sich phasenweise intensivieren oder in der Latenz befinden bzw. vorwiegend auf einer mentalrepräsentativen Ebene abspielen, z. B. als Verinnerlichung von Zielen und Werten. Alles was mit Führung zu tun hat, weist einen Ereignischarakter auf, im Unterschied zur Kontinuität von Management oder Steuerung/Kybernetik. Im Zentrum des Führens stehen die Interaktionen von Menschen, die sich in ihrem *Personsein* begegnen. Dieser Sachverhalt begegnet dem Missverständnis, dass die Führungsperson aktiv ist und der/die Geführte/n bloß reagiert, idealerweise im Sinne der Intentionen der Führungsperson. Sofern die Menschen als Personen betrachtet werden und nicht als bloße *Ressourcen*, wird es sich zeigen, dass sie Interessen, Fähigkeiten, Ideen, evtl. auch selber einen Führungsanspruch haben (s. oben) oder mindestens ein Bestreben, bezüglich ihrer Handlungen einen hohen Grund an Selbstbestimmung zu erfahren. Auch das gehört zur *peristasis* (dem Herumstehenden), d. h. zur gegebenen Umwelt. Die *Herausforderung* an und die *Kunst* der Führung besteht genau darin, *mit* allen diesen Gegebenheiten, inkl. den eigenen Intentionen und Zielen, mit dem Führungsauftrag und dessen Rahmenbedingungen etwas *Neues*, *Zielführendes* entstehen zu lassen. Also gerade nicht: einen Kompromiss zu schließen als eine Art der Ruhigstellung. Führen bedeutet einen sozio-kognitiven Metabolismus,

C. D. Eck, *Persönlichkeit und Führung,* essentials,
DOI 10.1007/978-3-658-08293-2_3

d. h. eine Umwandlung von Vorhandenem, Gegebenem in etwas, das in Bewegung setzt, etwas vorwärtsbringt. In der Sprache von Hans Thomae (1968) ausgedrückt: Führung verbindet impulsive und prospektive Antriebe zu *propulsiven* Kräften, d. h. zu Handlungen, die nach vorne, zu Neuem, Noch-nicht-Gegebenem führen. Genau darin liegt der *Mehrwert* der Führung.

Führen ist eine exemplarische Form des Handelns. Hannah Arendt (1967) ging in ihrem bekanntesten Werk „*Vita activa*" der Frage nach „Was tun wir, wenn wir tätig sind?" (a. a. O. S. 14). Sie unterscheidet dabei drei Grundformen des menschlichen Tätigseins: *Arbeiten* als die Notwendigkeit, den Lebensprozess aufrechtzuerhalten, *Herstellen* als das Erschaffen von brauchbaren, nützlichen und beständigen Gegenstände, die zusammen eine „Welt" herstellen und **Handeln** (S. 213–317) als das, was unmittelbar *zwischen Menschen* geschieht, *Pluralität* zur Voraussetzung hat und *unwiderruflich* ist, d. h., Getanes kann zwar korrigiert werden, aber nicht rückgängig, „ungeschehen" gemacht werden.

Handlung und Sprache, Handeln und Sprechen bedingen sich gegenseitig. *Handeln* bedarf der Orientierung, Erläuterung, Begründung; *Sprechen* besteht nur aus „leeren Worten" (vgl. z. B. „leere Versprechungen"), wenn es nicht zu Handlungen führt oder durch Handlungen gedeckt wird. Deswegen kann H. Arendt sagen (a. a. O. S. 219):

> Handelnd und sprechend offenbaren die Menschen jeweils, wer sie sind, zeigen aktiv die personale Einzigartigkeit ihres Wesens, treten gleichsam auf die Bühne der Welt, auf der sie vorher so nicht sichtbar waren, solange nämlich, als ohne ihr eigenen Zutun nur die einmalige Gestalt ihres Körpers und der nicht weniger einmalige Klang der Stimme in Erscheinung traten. Im Unterschied zu dem, was einer ist, im Unterschied zu den Eigenschaften, Gaben, Talenten, Defekten, die wir besitzen und daher so weit zum mindesten in der Hand und unter Kontrolle haben, dass es uns freisteht, sie zu zeigen oder zu verbergen, ist das eigentlich personale Wer-jemand-jeweilig-ist unserer Kontrolle darum entzogen, weil es sich unwillkürlich in allem mitoffenbart, was wir sagen oder tun.

Die für das Kooperieren und Zusammenleben, d. h. In-Beziehung-Sein, so entscheidenden Erfahrungen von *Authentizität* (Echtheit), *Glaubwürdigkeit*, *Verlässlichkeit* werden gemacht (oder eben nicht gemacht) in der Fähigkeit und Konvergenz von Handeln und Sprechen (reden) in der Führung.

3.1 Das Verhältnis Rolle und Person

Handeln ist die Tätigkeit, die nicht materiell vermittelt ist – trotzdem geschieht sie nicht unvermittelt. Handeln ist vermittelt durch eine *Rolle*. Eine Rolle und ihre Gestaltung ist das Zusammenspiel der Dynamik folgender Faktorenbündel:

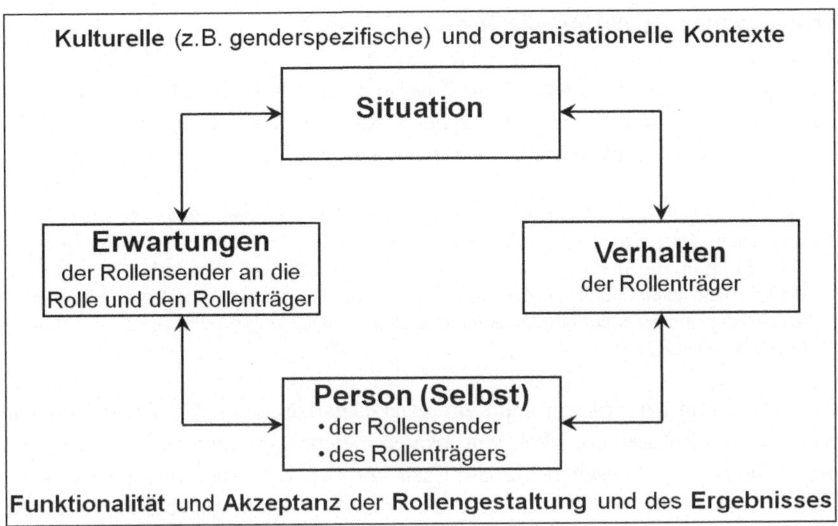

Die Gestaltung einer Rolle und die entsprechende Ergebnisse beruhen auf der *Rollenkompetenz*. J. Habermas hat 1973 (S. 195–231) diesbezüglich einen Ansatz entwickelt der aus 5 Komponenten besteht: als Voraussetzung die Sprachkompetenz und *kognitive Kompetenz*; als Wirkfaktoren der *Reziprozität – Verhaltenskontrolle – Identitätsformen*. Und dies alles eingebettet in die Normen und Regelsysteme der Gesellschaft und die biopsychosoziale Entwicklung der Rollenpartner (Vgl. auch Eck 2010, S. 180–201, dort. S. 196–197).

In Bezug auf diese Komponenten der Rollenkompetenz ist es direkt ersichtlich, dass die genannten fünf Komponenten selten im notwendigen Ausmaß und passend zu den Kontexten gegeben sind. Es kann also nur *Grade* der Rollenkompetenz geben und diese nie universal, sondern immer nur im Rahmen bestimmter Kontexte.

Rollendefinition und die Gestaltung der Rolle bergen ein erhebliches *Konfliktpotenzial*. Rollen müssen in ihren Ambivalenzen, Paradoxien und Dilemmata öfter gegen (auch eigene) Widerstände durchgesetzt werden. Im Gegensatz zu einem naiv-optimistischen Rollenverständnis ist für anspruchsvolle und komplexe Rollen immer mit dem zu rechnen, was Clausewitz (1780–1861) *Friktion* nannte und beschrieb.

Friktion als das Widerwärtige

Carl von Clausewitz widmet in seinem heute noch in der Offiziersausbildung verwendeten Buch „Vom Kriege" (1832) der Friktion als der Erscheinung des Unvorhergesehenen, des Widerwärtigen, ein eigenes Kapitel (I/1.7):

> Friktion ist der einzige Begriff welcher dem ziemlich allgemein entspricht, was den wirklichen Krieg von dem auf dem Papier unterscheidet" (S. 86) … „Diese entsetzliche Friktion, die sich nicht wie in der Mechanik auf wenig Punkte konzentrieren lässt, ist deswegen überall im Kontakt mit dem Zufall und bringt dann Erscheinungen hervor, die sich gar nicht berechnen lassen, eben weil sie zum großen Teil dem Zufall angehören. (S. 87)

Clausewitz gibt der Friktion dann ein „paar Detailzüge nur zur Verdeutlichung" wie z. B. das Zusammenwirken von lokalen meteorologischen Verhältnissen und den aktuellen topologischen Verhältnissen vor Ort, Übermittlungsfehlern, Missverständnissen, physischem Zustand der Truppe in einem gegebenen Zeitpunkt, Stress, Angst und das daraus entstehende Versagen. Clausewitz spricht von der „militärischen Maschine, die Armee und alles, was dazugehört" und sagt vom militärischen Befehlshaber: „Ein mächtiger eiserner Wille überwindet diese Friktion, er zermalmt die Hindernisse, aber freilich die Maschine mit". (S. 86) Seine Schlussfolgerung:

> Die Friktion, oder was hier so genannt ist, ist es also, welche das scheinbar Leichte schwer macht. Wir werden in der Folge noch oft auf diesen Gegenstand zurückkommen, und es wird dann auch klar werden, dass außer Erfahrung und einem starken Willen noch manche andere seltene Eigenschaften des Geistes zum ausgezeichneten Feldherrn erforderlich sind". (S. 88)

Friktion ist ein Begriff aus der Mechanik. Clausewitz hätte für das, was er so eindrücklich beschreibt und als Begrenzung, Relativierung aller *Theorie*, *Strategie* und *Planung* der Kriegsführung analysiert, auch das alte deutsche Wort *Widerwärtigkeit* verwenden können. Das Adjektiv *widerwärtig* bzw. das Adjektivabstraktum *Widerwärtigkeit* betont in der Gegenwartssprache vor allem den gefühlsmäßigen, ästhetischen Aspekt als etwas das empfindungsmäßig abstößt, abgelehnt wird. Bis weit in das 19. Jahrhundert bezeichneten diese beiden Begriffe aber viel umfassendere Konstellationen: z. B.: *räumlich-zeitlich* i.S. von *gegenläufig*, entgegengesetzt, ungünstig, hinderlich, schädlich (vgl. contrarius); *persönliche Verhältnisse* i.S. von Gegnerschaft, Ablehnung, Unverträglichkeit, widersetzlich, widerspenstig, Feindseligkeit; *sachlich-logisch* i.S. von widersprüchlich (auch selbstwidersprüchlich), verkehrt, falsch.

Keine Steuerungs- bzw. Managementtechnik mit ihren Instrumenten kann das ubiquitäre Phänomen der Friktion neutralisieren, obwohl sie es ständig versucht.

Die Person des Trägers/der Trägerin einer Führungsrolle muss einen Umgang, ein coping mit den vielgestaltigen Formen der Friktion finden. Das ist, neben kognitiven Kompetenzen und Erfahrung, eine Frage der *psychischen* Energie, d. h. der Aktivierung, der Bündelung, Aufrechterhaltung und der Erneuerung der psychischen Energien. Dazu, thesenartig formuliert, einige Erläuterungen:

1. Ohne auf die neurophysiologischen und biochemischen Grundlagen einzugehen, kann gesagt werden: Psychische Energien umfassen jene **psychischen** Kräfte, die allgemein als Antrieb, Motivation, Wille aber auch z.B. Aggressivität, Widerstand verstanden werden. Sie wurzeln in der konstitutionellen und interaktiven Dynamik und den Kompetenzen von Personen und Gruppen. Ein wesentlicher Teil dieser Dynamik ist dem Bewusstsein und dem Willen nicht ohne weiteres zugänglich. Es ist häufig zu beobachten, dass es die psychischen Kräfte sind, die das Bewusstsein und den Willen bestimmen. Psychische Energien konstellieren sich u.a. aufgrund bestimmter *Vorstellungen* (Phantasien, Repräsentanzen) und konkretisieren sich beispielsweise in der Form von Wünschen/Strebungen, Anstrengung (Nachhaltigkeit), Konzentration, Ideen, Initiativen, Zeit, Mittel. Sie haben intellektuelle, emotionale, soziale und physische Qualitäten (z.B. Tonus, Stress). Das Ausmaß und die Qualität dieser Konkretionen zeigen untrüglich an, wieviel Energie wirklich zur Verfügung steht bzw. gestellt wird, d.h. wie viel der latenten, potenziellen Energie **manifest** und verfügbar ist.

2. Gegenüber einem vorwiegend instrumentell-rationalistischen Ansatz, die Managementaufgabe zu erfüllen, muss festgehalten werden, dass der **Kern** der **Führungsaufgabe** darin besteht, **Kräfte (Energien)** zu mobilisieren und sie auf bestimmte Ziele bzw. Aufgaben zu lenken. Die konstruktive Verbindung verschiedener Kräfte führt zu einem nachweislichen **Synergie-Effekt**. Der gleichermaßen physikalische **und** psychische Energiebegriff ist eine der zentralen Fragestellungen der Psychologie.

3. Psychische Energie wirkt in der Polarität positiver bzw. negativer Energie. **Positive** Energie manifestiert sich u.a. in den Formen: Interesse, Neugierde, Sinn, Zuversicht, Hilfsbereitschaft, Befähigung, Entscheidungen, Durchsetzungsvermögen, Chancen und Veränderungen. **Negative** Energien bedeuten die „Gegenbesetzungen“, wie Tabuisierung, Perhorreszierung (Zurückweisung, Abscheu), die Formen der Resignation, die Leugnung der Sinnhaftigkeit und Tendenzen zur Verhinderung, Panik und Destruktion.

   Wenn auch die jeweilige Unterscheidung „positive – negative“ Energien perspektivenabhängig ist, so ist sie doch vom Prozess und vor allem vom Ergebnis her völlig evident. Sie konfrontiert mit der Unterscheidung und der Dialektik von konstruktiv – destruktiv im Bereich der Intentionen, Handlungen, Wirkungen.

   Die wirkliche Herausforderung der Führung besteht daher in der Doppelaufgabe: **Mobilisierung** von Energien (latente in manifeste) und der **Transformation** negativer in positive Energien.

4. Diesbezügliche persönlichkeitspsychologische Unterscheidung ist wichtig. H. Thomae (1951) unterscheidet:

   - **impulsive** Antriebe (Energie); sie sind triebhaft, aufschaukelnd, nicht reflektiert (vgl. den Ausdruck „Draufgänger/in"); wenig nachhaltig;
   - **prospektive** Antriebe (Energie); Antizipation, Planung, Reflexion, Steuerung dämpfend, behutsam etc.;
   - **propulsive** Antriebe (Energie); Veränderung, Innovation, Kreativität, Problemlösung, „Über-sich-Hinauswachsen" etc.

   Das Verhältnis dieser drei Energieformen ist führungspsychologisch von größter Bedeutung und kann auch diagnostisch verwendet werden: Welche Antriebsform ist bei einer Person, einer Gruppe, einer Handlung prävalent?

5. Neben allgemeinen Rahmenbedingungen (z.B. Voraussetzungen) und situativen Einflüssen wird das **Ausmaß** der zur Verfügung stehenden Energien vor allem durch den psychodynamischen Prozess der **Identifikation** bestimmt. Durch die Identifikation, die nuanciert und graduell erfolgt, entsteht eine besondere Beziehungsqualität, aufgrund derer zu einer Person, Aufgabe, Situation oder einem Ideal (Ziel) Energien entstehen und freigesetzt werden. Psychodynamisch betrachtet ist das Kernelement der Identifikation die Internalisierung (Verinnerlichung) einer für eine Person oder Gruppe bedeutsamen Objektbeziehung. In anderen Worten, Repräsentanzen eines äußeren Objekts korrespondieren mit Repräsentanzen des eigenen Selbst und dies unter dem Einfluss intensiver Gefühle.

6. Der Prozess der Identifikation bewirkt eine Veränderung und Verstärkung der

   - kognitiven **Wahrnehmungs-** bzw. **Orientierungsfunktionen**: z.B. Aufgaben, Ziele, Chancen, Gefahren etc. werden **erkannt** (= Sensibilisierung, Vigilanz)
   - emotionale **Verinnerlichungsfunktion** (Introjektion): z.B. eine Aufgabe, ein Anliegen etc. wird zum eigenen Ziel und Wollen gemacht. Vgl. auch das Konzept des „role-taking", der Rollenübernahme bzw. Rollenidentifikation (vs. Rollendistanz).

   Aus diesen beiden Funktionen ergibt sich durch die Identifikation eine

   - **Zuwendungsfunktion**, d.h., die Energien in ihren verschiedenen Konkretisierungen fließen dem Identifikationsobjekt bzw. der Gestaltung der Interaktionen mit ihm zu. Je ausgeprägter die Identifikation ist, desto mehr wird das Verhalten durch ein eindeutiges **Gerichtetsein** (vs. eine Zerstreutheit oder Volatilität) charakterisiert. Ausdrücke für diesen gleichermaßen prägenden wie stimulierenden Sachverhalt sind z.B. „Verantwortung" – „Sorge", „Engagement", „Stil", „Berufung" etc. im positiven Sinne; Ängstlichkeit, Depressivität, Wut, Aggressivität, Destruktion etc. im negativen Sinne.

7. Die Notwendigkeit der Identifikation als eine Voraussetzung und als ein Generator von Energien wirft die Frage auf nach der persönlichen, d.h. lebensgeschichtlich erworbenen Identifikationsfähigkeit sowie nach den organisationellen, managementmäßigen Voraussetzungen/Bedingungen des Identifikationsprozesses. Mit wievielen Aufgaben, Zielen kann man sich wirklich identifizieren? Dann ist da aber auch nach den notwendigen Grenzen zu fragen, Grenzen der Identifikation aus psychoökonomischen, kognitiven, sozialen und ethischen Gründen (vgl. Rollenidentifikation und Rollendistanz; Burnout als Folge von Überidentifikation).

8. In energetischer Betrachtung umfasst der Kreislauf der Führung

9. Der Freisetzung und Konzentration von Energien stehen häufig **Erschwernisse** (sog.constraints) gegenüber. Sie erscheinen als Hemmung, Hindernis oder Defizit bzw. als negativ gepolte Energie (z.B. Trägheit, Widerstand) oder als das, was Clausewitz „Friktion“ nannte. Zur Überwindung der Erschwernisse bedarf es weiterer Energien und damit eines Mehr an Identifikation. Sehr wichtig ist die Art des Umgangs mit den Erschwernissen: impulsiv, prospektiv, propulsiv? (vgl. Punkt 4). Das beeinflusst den Führungsstil bzw. die präferierte Art der Problemlösung.

10. Die Ökonomie der Kräfte erfordert, dass die Energiequanten der Zielsetzung,Aufgabenstellung bzw. dem Objekt angemessen sind i.S. einer optimalen Balance, **Überidentifikation** (vgl. z.B. die Ausdrücke „overdoing“ oder „blindwütig“) oder **Mangel** an **Identifikation** (vgl. z.B. „halbpatzig“ oder „innere Kündigung“) führt zu einer Gefährdung der Zielerreichung oder Aufgabenerfüllung, zu Energieverlust,Umwandlung von positiver Energie in negative; es entsteht der Eindruck der„Vergeblichkeit“, der „non-instrumentality“ und dies führt zu Resignation bzw. zu„Aus-dem-Felde-Gehen“ (Ablenkung, Pseudo-Aktivität, Leerläufe).

11. Die Grundlage der Aufgabe, andere zu führen, entsteht in einer angemessenen „Sorge um sich selbst“. Diese besteht u.a. auch in der Frage nach der eigenen Identifikation (Rollenübernahme und Kompetenzerweiterung) und der eigenen **Energiesteuerung**. Dazu gehört auch die Frage nach der **Energieerneuerung** (berufliche Identität, Entwicklung, Psychohygiene vs. „Verschleiß“, Selbstausbeutung).

12. Grundfragen der Überprüfung der Gestaltung und der Wirkung zunächst auf die **Führungsaufgabe** sind demzufolge:
    - Welches Ausmaß von Energie ist **wo**, bei **was** bzw. **wann** und bei **wem** spürbar? Diesbezügliche *Indikatoren*?
    - Wieviel Energie ist für die Zielsetzung bzw. die Problemlösung wirklich **notwendig**? Verhältnis von notwendiger Energie zu manifester Energie?
    - Worauf sind die manifesten Energien **tatsächlich** gerichtet? (Hidden agenda, Schattendynamik)
    - Worauf sollten die Energien *vermehrt* bzw. *weniger* gerichtet sein?
    - Was fördert bzw. verhindert **Identifikation** und damit die **Energiefreisetzung**?
    - Sind die Energien optimal genutzt oder wo gibt es **Reibungsverluste** und **Energielecks**? D.h., wie gelingt die Konkretisierung der Energiequanten in **Tatkraft** bzw. durch was wird dies verhindert?
    - Welche Hinweise auf **Problemzonen**, aber auch auf **Ressourcen** (Potenziale) kann die tatsächliche Verteilung der Energie geben?
    - Wie werden die Energien **erneuert**? (Burnout-Prophylaxe; sog. Psychohygiene)

Diese typischen LOCE-Fragen (**L**ocation **o**f **C**ommitted **E**nergy) sind aber auch zu beziehen auf **Gruppenverhältnisse** (sog. Teams, Projektgruppen, Organisationseinheiten). Das erkenntnisleitende Konstrukt ist die Vorstellung von **Räumen** oder Regionen (K. Lewin), die mit anderen Räumen (Regionen) verbunden sind. Die Räume sind gekennzeichnet u.a. durch ein unterschiedliches *Energieniveau*, was zu einem Energiegefälle führen kann. Energie fließt ab in jene „Räume", die als weniger wichtig angesehen werden oder offenbar „ruhig" sind. Diese Vorstellung bezieht sich auf die funktionalen, sozialen, aber auch ganz konkreten lokalen Verhältnisse der Aufgabenstellung. Es ist deshalb wesentlich nach der Art der Grenzen zwischen den Räumen zu fragen: komplett durchlässig, osmotisch, selektiv, hermetisch? Die Grundfrage ist dann: **Wie** verteilen und manifestieren sich die Energien in den einzelnen Zonen dieses Raumes? Von **woher** fließt die Energie und **wohin** fließt sie bzw. wird durch was **resorbiert**, **gebunden**? Einzelne Personen (Rollen) werden als **Energieträger** bzw. **Repräsentanten** latenter Energien oder der sog. Gegenbesetzungen verstanden. Ebenso kann die Frage nach den *Komplexbildungen* ergiebig sein. Welche Themen, Zonen konstellieren auffällige Reaktionen, Verhaltensweisen und vor allem „Muster", z.B. Empfindlichkeit, Tabus, Heftigkeit, Widerstand, Spaltungen, Projektionen etc.? Was kann nicht „gesehen" werden, wird abgespalten, d.h. auf andere Akteure oder institutionelle Gegebenheiten projiziert?

Am meisten Energie und Committment wird benötigt, wenn Individuen, Teams oder gar ganze Organisationseinheiten den Bereich des Bekannten, der Routine, der hohen Erfolgswahrscheinlichkeit, vielleicht sogar der „Excellence" verlassen müssen und sich in den Bereich des Offenen, der Unsicherheit, des Neu-Lernens bewegen müssen. Das ist eine, wenn nicht *die* Indikation für Führung.

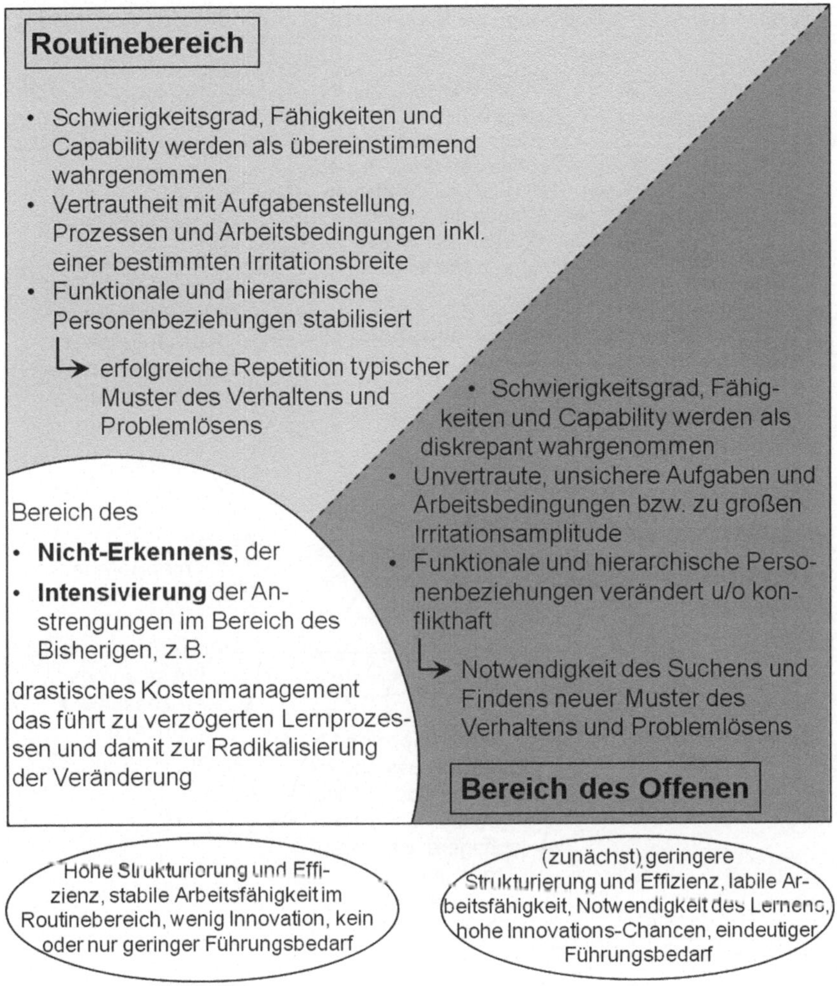

Routinebereich
• Schwierigkeitsgrad, Fähigkeiten und Capability werden als übereinstimmend wahrgenommen
• Vertrautheit mit Aufgabenstellung, Prozessen und Arbeitsbedingungen inkl. einer bestimmten Irritationsbreite
• Funktionale und hierarchische Personenbeziehungen stabilisiert
↳ erfolgreiche Repetition typischer Muster des Verhaltens und Problemlösens
• Schwierigkeitsgrad, Fähigkeiten und Capability werden als diskrepant wahrgenommen
• Unvertraute, unsichere Aufgaben und Arbeitsbedingungen bzw. zu großen Irritationsamplitude
• Funktionale und hierarchische Personenbeziehungen verändert u/o konflikthaft
↳ Notwendigkeit des Suchens und Findens neuer Muster des Verhaltens und Problemlösens
Bereich des Offenen
Bereich des
• Nicht-Erkennens, der
• Intensivierung der Anstrengungen im Bereich des Bisherigen, z.B.
drastisches Kostenmanagement das führt zu verzögerten Lernprozessen und damit zur Radikalisierung der Veränderung
Hohe Strukturierung und Effizienz, stabile Arbeitsfähigkeit im Routinebereich, wenig Innovation, kein oder nur geringer Führungsbedarf
(zunächst) geringere Strukturierung und Effizienz, labile Arbeitsfähigkeit, Notwendigkeit des Lernens, hohe Innovations-Chancen, eindeutiger Führungsbedarf

Risikofaktoren beim Übergang vom Routinebereich in den Bereich des Offenen

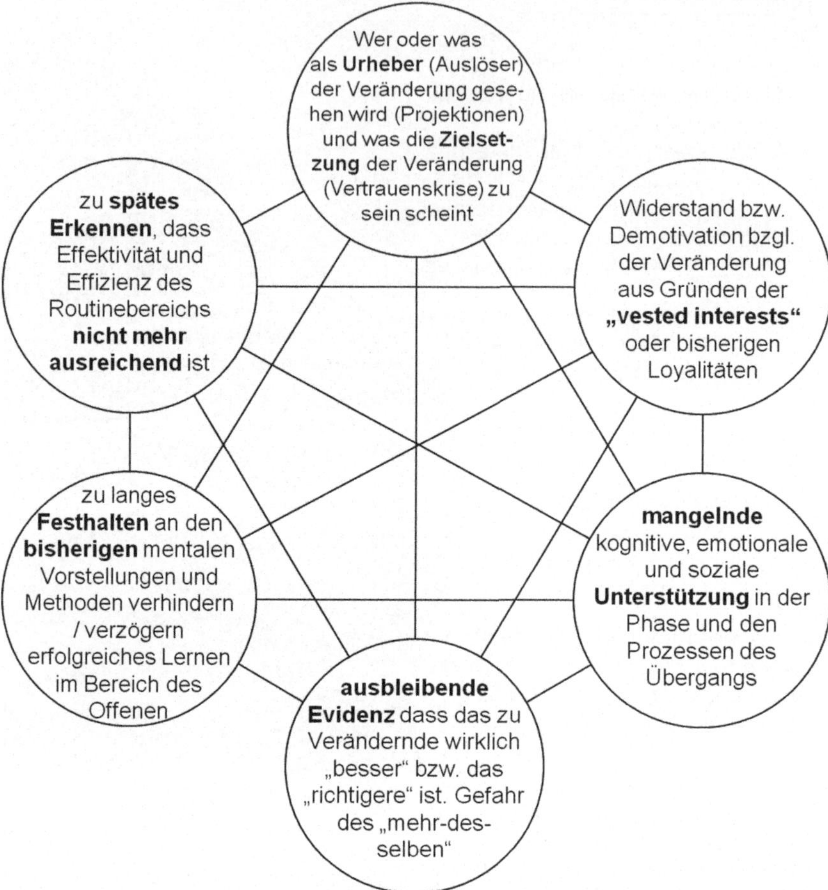

3.2 Wie kann Führung konkret werden?

So wie sich der Führungsbedarf in je gegebenen Situationen und Problemen zeigt, wird sich auch das Führungshandeln in multiplen Inszenierungen konkretisieren müssen. Die folgenden sechs dramaturgischen Elemente sind Konstanten, die situations- und personenspezifisch für die Inszenierung von Führung wesentlich sind.

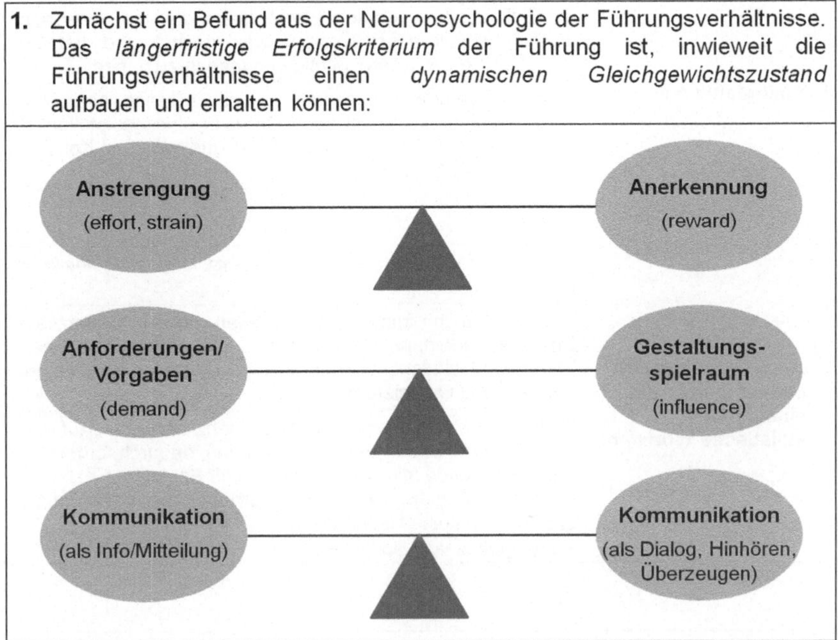

Man mache sich bezüglich der längerfristigen Stabilität aber keine Illusionen: Die „Schmerzgrenze", an der das Verhalten kippt, ist oft rascher erreicht, als die „Führerregion" dies annimmt (vgl. Bauer 2011, 2013).

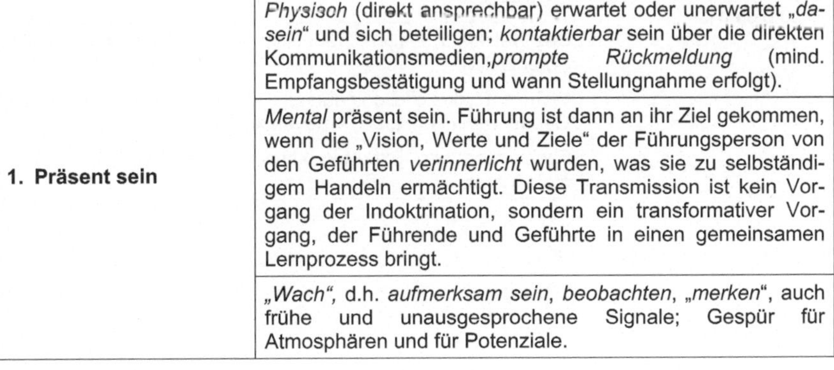

1. Präsent sein	*Physisch* (direkt ansprechbar) erwartet oder unerwartet „*dasein*" und sich beteiligen; *kontaktierbar* sein über die direkten Kommunikationsmedien,*prompte Rückmeldung* (mind. Empfangsbestätigung und wann Stellungnahme erfolgt).
	Mental präsent sein. Führung ist dann an ihr Ziel gekommen, wenn die „Vision, Werte und Ziele" der Führungsperson von den Geführten *verinnerlicht* wurden, was sie zu selbständigem Handeln ermächtigt. Diese Transmission ist kein Vorgang der Indoktrination, sondern ein transformativer Vorgang, der Führende und Geführte in einen gemeinsamen Lernprozess bringt.
	„Wach", d.h. *aufmerksam sein, beobachten*, *„merken*", auch frühe und unausgesprochene Signale; Gespür für Atmosphären und für Potenziale.

2. Dialogfähig sein	Wirklich zuhören können („total listening") und verstehen, auch nachvollziehen können, was gesagt und gemeint wird.Sich vergewissern, richtig verstanden zu haben.
	Klar und verständlich sagen, was die eigenen Absichten, Ziele, Bedingungen und auch Grenzen sind; feststellen ob man wirklich verstanden worden ist und worüber Konsens bzw. Dissens besteht.

3. „Ihr", „wir" vor „ich" bedeutet mehr als eine bloße stilistische Wortwahl	Einen Prozess der *gemeinsamen Problemlösung* initiieren und lenken.
	Die wo auch immer *vorhandenen* Ideen, Potenziale, Energien *erkennen* und auf ein Ziel *bündeln* können. Widerstand ist nicht nur Hemmnis, sondern eine Chance des Lernens und Optimierens.
	Effektive Führungspersonen sind mehr diskrete *„Auf-den-Weg-Bringer"* von tragfähigen Lösungen; dadurch fördern sie die *Identifikation* mit der Lösung (vgl. Enabling, Enabler), Führungskräfte als „heldenhafte" Urheber von „turnarounds" produzieren keine Nachhaltigkeit sondern im besten Fall Abhängigkeit vom „local hero".

4. **Geistiges Format** und **Professionalität** oder was haben Sie wirklich zu bieten?	Fähig sein, für die Aufgaben und Schwierigkeiten des Verantwortungsbereichs einen *grundsätzlichen* und *zielführenden Prozess* von Analyse, Ressourcen, realistischer Lösungssuche, motivierender Entscheidungsfindung, Implementierung anzuleiten und zu steuern.
	Ein *Konzept* für die Bewältigung der Herausforderungen entwickeln können; sich und anderen den *Übergang* vom *Routinebereich* in den *Bereich des Offenen* erlauben und erleichtern.
	Das Blickfeld weiten: räumlich und zeitlich; auch bzgl. Potenzialen.
	Nicht auf „ideale" Bedingungen hoffen, sondern mit dem je *Gegebenen* (Peristasis) *arbeiten* können.
	Fachidioten und Experten können wohl managen – aber nicht führen.

5. Gelebte, nicht nur rhetorische **motivationale ethische Grundlagen**	Interesse an *Menschen* und sie als **Personen** (nicht nur als Arbeitskraft bzw. Mittel) sehen.
	Positionsmacht, Autorität, intellektuell-konzeptuelle Kompetenz *nutzen* – aber nicht ausnutzen; sich in den *„Dienst an einer Sache"* also etwas *Übergeordnetem* stellen, das zu den eigenen Überzeugungen und dem Wissen *kongruent* ist; genau das ist den narzisstischen Persönlichkeiten fast nicht möglich. Ihre Kompetenzen stehen primär im Dienst der „eigenen Sache". D.h., sie orientieren sich nur an sich selbst und nicht an etwas Allgemeinem, Übergeordnetem.
	In Anerkennung/Wertschätzung wie auch bei negativen Sanktionen (Kritik, Maßnahmen) *fair* sein; auch ein „Beitragsprimat" ist wesentlich, nicht blo ßer Erfolgsprimat.
	Im Erfolg bescheiden bleiben und in Niederlagen zuversichtlich sein.Das setzt voraus, dass die unbewussten Ängste vor Isolation und Trennung nicht zu groß sind oder bearbeitet werden können (vgl. H.E.Richter,1976).

Die Faktorenbündel können nur glaubwürdig gestaltet werden, wenn sie in motivationalen und ethischen Grundlagen wurzeln.

Und nun die „Probe aufs Exempel":

Wenn Sie diese sechs Faktorenbündel in ihren einzelnen Faktoren *skalieren*, z. B.

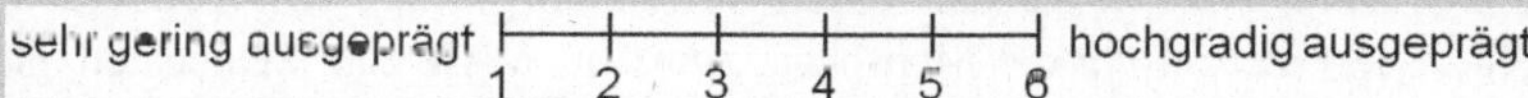

also aus den 6 Faktoren und Subfaktoren einen 20-stelligen Einschätzungsbogen erstellen, so erhalten Sie einen „Spiegel" bzgl. des Ausprägungsgrades dieser Faktoren in Ihrem Führungsverhalten. Verifizieren können Sie Ihr Selbstbild, indem Sie Ihre Mitarbeitenden bitten, das Rating auf diesen Skalen vorzunehmen.

3.3 Was heißt „Ethos der Führung?"

Führung ist eine *Potenz*, bedeutet Macht und Einfluss, sie kann Hervorragendes oder Schlechtes bewirken. Führung ist nicht ablösbar von *Personen*, deren Dynamik – oft unbewusst und unkontrolliert – ein jeweiliges Mischungsverhältnis einerseits von Vernunft, Klugheit und Besonnenheit und andererseits Unvernunft (Irrationalität), Passionen und Maßlosigkeit ist. Führung kann gefährlich sein, Verführung und Abhängigkeit bewirken und die Führungsperson selbst ist gefährdet durch das *Größenselbst* (Hybris) und Varianten des Personenkults. Eine unmittelbare Wirkung schwacher und/oder fehlgeleiteter Führung ist das Verstummen des *Freimuts*, der *freimütigen Rede* (parrēsia) gegenüber der Führungsperson. „Nach dem Munde reden", Schmeichelei, Selbstentmächtigung, Vorenthalten von Kritik und gewichtiger Gegenargumente sind die häufigsten Symptome des mangelnden Freimuts gegenüber Führern. Dies ist besonders ausgeprägt in Organisationen, die durch starke Hierarchisierung, Disziplin und Asymmetrie der wirtschaftlichen Abhängigkeit gekennzeichnet sind (vgl. zu dieser Thematik die ausführlichen Untersuchungen von Foucault 2008, 2009). Es ist deshalb unerlässlich, dass die Führung geleitet wird durch *Tugend*. Tugend zunächst schlicht im Wortsinn von *Tauglichkeit* für eine vorgesehene Funktion und für bestimmte Situationen. Der Tugendbegriff reicht aber weiter. Aristoteles (384–322) differenziert *Verstandestugend* und *sittliche Tugend*; „die erstere (entsteht und wächst) hauptsächlich durch Belehrung und bedarf deshalb der Erfahrung und der Zeit; die sittliche dagegen durch Gewöhnung" (ēthos) (Nikomachische Ethik, II, 1., 1103 a ff.). Gewöhnung, Ēthos, bildet den *Charakter* einer Person, in einer gewissen Weise auch einer Organisation heraus. Charakter als das Typische, Kennzeichnende, auf das man sich verlassen kann. Das ist aber nicht „angeboren", „Natur", wie schon Aristoteles betonte: „Denn nichts Natürliches kann durch Gewöhnung verändert werden" (a. a. O. 1103 a). Die *Potenzialität* des Menschen, zum Guten wie zum Schlechten, ist im Menschen *angelegt*, als Potenzial, Latenz, „zur Wirklichkeit aber wird diese Anlage durch Gewöhnung" (a. a. O. 1103 a). Wie jedermann weiß, gibt es „gute" und „schlechte" Gewohnheiten. Gewohnheit entsteht durch Gewöhnung, also durch *Übung* und ein förderliches *Milieu* für das, was „sich angewöhnt" werden soll, also ein *angstfreies Lernklima*. Angstfrei ist ein Lernklima, wenn es gekennzeichnet ist durch Förderung von Neugier, Interesse, Ermutigung zu Initiativen, „Probieren", Fehlertoleranz, Freimut i.S. von „sagen dürfen, was gedacht, gewusst wird"; sich irren dürfen, aber auch Recht haben dürfen. Dieses Üben in einem solchen Lernklima bildet nicht nur Führungspersönlichkeit heran, sondern diese Verhältnisse kennzeichnen die erwünschte Führungsqualität. Taugliche Führung ist reproduktiv, d. h., sie entdeckt und fördert das Führungspotenzial bei den Geführten; die Führungskraft ist bzw. bleibt nicht „einsame Spitze".

Seit der Antike und auch in den fernöstlichen Kulturen, z. B. im Taoismus und Konfuzianismus, gibt es ausführliche Beschreibungen der Tugenden und charakteristischen Handlungsweisen von Führern. Eine europäische literarische Form ist der sog. Fürstenspiegel, dessen Funktion ähnlich den heutigen Tests, Assessments und Check-Listen für Führungskräfte ist. Man kann in diesem Fürstenspiegel, seinen Führungsregeln und Führungslehren Zeitspezifisches und Milieutypisches (z. B. Staatsführung, Militär, Kirche) erkennen, aber auch in seiner Pluralität und Vielstimmigkeit viel Gemeinsames, Allgemeingültiges und durchaus auch heute noch Relevantes finden. Auch wird man sich der Idealisierungstendenz in den Leitbildern der Führung bewusst sein müssen. Solche Beschreibungen sind keine empirisch-statistischen Befunde, sondern Postulate. In einer unvollkommenen Welt sind auch die Menschen unvollkommen und können daher keine vollkommenen Führungsverhältnisse schaffen. Ideale drücken das aus, was nicht ist oder noch nicht ist. Das kann aber kein Argument sein gegen „Ideale", d. h., schon vom Wortsinn her, bildhafte, plastische Vorstellungen, von dem, was gut und erstrebenswert ist, was sein soll. Führung ist mehr als eine Funktion. Das Propulsive der Führung besteht einerseits aus einer Unzufriedenheit mit dem, was ist, nicht selten auch aus einer Empörung über das, was so ist und andererseits aus einer lebhaften Vorstellung, wie es sein soll, wie es sach- und menschengerechter ist, und drittens aus einem *Wollen* und *Wissen*, wie aus einem suboptimalen, kritischen Zustand heraus in bessere Verhältnisse, in eine bessere Zukunft geführt werden kann (vgl. oben „Führungsanspruch").

Das Anregungspotenzial des Konzepts Tugend wäre aber verschenkt wenn Tugend auf Personen (und ihre Handlungsweisen) reduziert würde. Tugenden können sich nur in einer gegebenen (oder zu entwickelnden) *Kultur* entfalten. Person – Organisation – Kontext muss zusammen kommen.

Für die Führung ist charakteristisch, was Bertold Brecht (1898–1956) das *„eingreifende Denken"* genannt hat. Wahrscheinlich ist der Begriff in einem Gespräch mit Walter Benjamin (1872–1940) entstanden. Ausgeführt, wenn auch nicht systematisch, hat ihn Brecht in den Texten der „Notizen zur Philosophie" der Jahre 1929–1941, insbesondere im Abschnitt „Über eingreifendes Denken" (vgl. GW. Bd. VIII, S. 682–734 bzw. S. 714–734). Eingreifendes Denken ist ein bestimmter Denkstil. Brecht nennt die Denkstile *„Denkweisen"* und beschreibt deren fünf (S. 726/7): reflektorisches Denken, Denken des sich Unterscheidens, d. h. Konkurrenzdenken, Sich-Ausdrücken, Weltanschauung, *eingreifendes Denken*. Das eingreifende Denken unterscheidet den engagierten Intellektuellen von den *Tuis*[1], die ihre intellektuellen Fähigkeiten immer auch für den Konkurrenzkampf einsetzten, d. h. ihren eigenen Marktwert herauf- und den der anderen heruntersetzen. Dieser

[1] „Tuis" Mz. von Tui = ein von B. Brecht ironisch gebrauchtes, verkehrt zu lesendes Akronym in-tellekt-uell. Vgl. Jeske (2002).

Denkstil lässt sich nicht nur im Großen beobachten, sondern sehr häufig in Konferenzen, Meetings, Verhandlungen. Eingreifendes Denken entsteht oftmals aus einer Irritation, entzündet sich an den offensichtlichen und verborgenen *Widersprüchen* der Gesellschaft, der Institutionen, der Organisation, empfindet *Scham* angesichts elender Zustände (vgl. das Zitat von A. de St.-Exupéry). Solches Wahrnehmen führt aber noch nicht von selbst zum Eingreifen. Es gibt, insbesondere bei Tuis, das nicht eingreifende Denken:

> **[Nicht eingreifendes Denken]**
> Eine große Menge von Kopfarbeitern hat durchaus das Gefühl, dass die Welt (ihre Welt) von Unstimmigkeiten befallen ist, aber sie verhalten sich nicht dementsprechend. Wenn man jene ausscheidet, die sich einfach geistig eine Welt konstruieren, welche an sich unstimmig ist (gerade durch ihre Unstimmigkeit existiert), hat man es mit Menschen zu tun, die, der Unstimmigkeit mehr oder weniger bewusst, sich dennoch so verhalten, als wäre die Welt stimmig. In das Denken solcher Menschen greift also die Welt nur mangelhaft ein; es kann nicht überraschen, wenn ihr Denken dann nicht in die Welt eingreift. Dies bedeutet aber, dass sie dem Denken dann überhaupt kein Eingreifen zumuten: So entsteht der „reine Geist", der für sich existiert, mehr oder weniger behindert durch die „äußeren" Umstände. (a. a. O. S. 731)

Das nicht eingreifende Denken kann einem Menschen, der die Sorge um sich selbst und um die anderen lebt, kein akzeptabler Denkstil sein. Sein Ethos, seine Wahrheit kann das nicht zulassen. Nicht dass eine bloße Beobachterposition ethisch an sich fragwürdig wäre. Die Frage ist vielmehr, ob sie überhaupt möglich ist. Je präziser, zutreffender die Beobachtungen sind, desto privilegierter (in der Hierarchie, in einem Netzwerk) ist die Position des Beobachters, der Beobachterin. Das heißt, um zu valablen Beobachtungen zu kommen, muss man „participant observer", also *Akteur* sein. Bloße Beobachtung hingegen ist eine Form der *Selbstentmächtigung.* Die Positions- oder Aktorenmacht wird nicht genutzt. Außerdem: Wissen, und nicht handeln, ist schuldhaft. Eingreifendes Denken bleibt aber rationales Denken, verbindet sich mit Klugheit, Freimut und Kompetenz (z. B. Sachverstand, Argumentationskraft) und erschöpft sich nicht in wohlfeiler Entrüstung und blindwütiger Empörung. Eingreifendes Denken ist ein *Denken in Maßnahmen.* Keinesfalls sind es v. a. Kampfmaßnahmen. Vielmehr Maßnahmen, welche geeignet sind, *Qualität* zu mehren, Dysfunktionalität, *Leiden* zu mindern, und dies *rechtzeitig,* d. h. zum richtigen Zeitpunkt. Mit anderen Worten, Maßnahmen, die praktisch, d. h. handlungsrelevant sind und sich an Fragen orientieren. Zum Beispiel: Was *braucht* es? Was ist (jetzt) *möglich*? Wie wird es am *klügsten* gemacht? Welches ist der *Preis* der Maßnahme? Lässt er sich wirklich *rechtfertigen* (Legitimation)? Das sind Fragen des eingreifenden Denkens. Führung benötigt eine gewisse mentalezeitliche Distanz. *Überidentifizierten* und *Mitläufern* fehlt diese Distanz und die Vorstellung einer lebbaren Alternative.

Führen heisst intervenieren – aber nicht dreinfahren

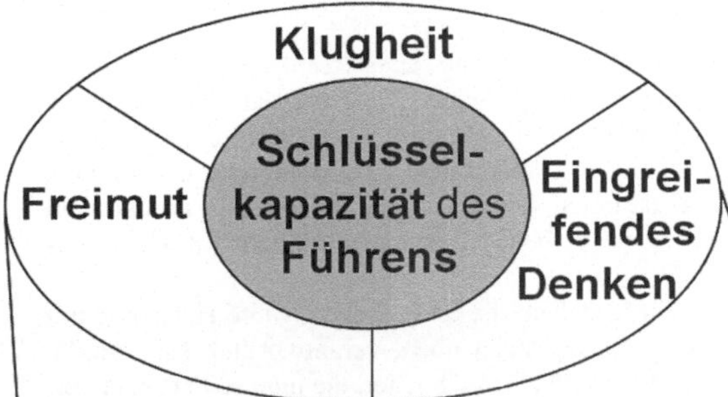

- **Wahrnehmen** können, was ist, und daraus wird, wenn es „so weiter geht“
- **Prüfung**: ist dies noch bzw. schon akzeptabel?
- Verstehen wir die **Dynamik** dessen, was ist, und die **Prozesse,** die laufen, richtig?
- Was **wollen** wir wirklich?
- Worauf ist bzw. soll die **Energie** gerichtet werden?
- Wann ist der Bestgeeignete bzw. notwendige Zeitpunkt?
- Optimierungsprozesse **koordinieren** (sonst verläuft „alles im Sande“)
- Entschlossen und beharrlich **handeln** und **evaluieren**

Die Organisation

getragen von Menschen – als System – Umwelt – Relation in ihrer Aufgabe, Struktur, Kultur

mit ihren

Ressourcen, Chancen, Risiken, Identifikationsangeboten, Returns, Spannungen, Konflikten, Leiden etc.

Eine literarische Illustration dessen, was mit „eingreifendem Denken" gemeint ist, kann in zwei Zitaten von Antoine de Saint-Exupéry gefunden werden:

> Guillaumet's Kraft und Mut ist vor allem eine Folge seiner Rechtschaffenheit.
>
> Aber das ist nicht sein eigentlicher Vorzug. Seine Größe ist, sich verantwortlich zu fühlen. Verantwortlich für sich selbst, für die Postsendungen und für die Kameraden, die voller Erwartung sind. In seinen Händen liegt ihre Mühe oder ihre Freude. Verantwortlich für das Neue, das da unten, bei den Lebenden, entsteht und an dem er mitmachen muss. Im Rahmen seiner Arbeit, ein wenig mitverantwortlich für das Schicksal der Menschen.
>
> Er gehört zu jenen großzügigen Menschen, die es verstehen, weite Horizonte mit ihrem Astwerk zu bedecken. Mensch sein heißt eben, verantwortlich sein. Heißt, Scham empfinden angesichts elender Zustände, auch jener, die man selber nicht verursacht. Heißt, auf einen Sieg stolz sein, den die Kameraden errangen. Heißt spüren, dass man in der Erfüllung der eigenen Aufgabe, zum Gelingen der ganzen Welt beiträgt …
>
> Aus: „Wind, Sand und Sterne" (a. a. O.)
>
> Wenn du es ablehnst, für Niederlagen verantwortlich zu sein, so bist du es auch nicht für die Siege … (Übersetzung C. D. Eck)
>
> Aus: „Stadt in der Wüste" (a. a. O.)

Das Nachdenken über das Verhältnis von Persönlichkeit und Führung führt zu der Einsicht, dass die Ansätze und Methoden der Entwicklung von Führungskräften ihre Grundlage haben in der Reflexion darüber, was Führung überhaupt bedeutet. Ohne diese ständige Reflexion und Bestimmung, was Führung ist bzw. sein soll, ist die Entwicklung von Führungskräften nicht effektiv möglich bzw. erschöpft sich in Maßnahmen des social engineering, deren Moden oder sogenannte best practice sich ablösen.

Damit die Frage, was Führung ist bzw. sein soll, nicht abstrakt beantwortet wird – und damit wenig nützlich –, ist diese Frage zu stellen und zu beantworten im interaktiven Kontext von Fragen wie z. B.:

- Welche *Aufgabe* (welches Problem) ist zu lösen, welche *Situation* zu bewältigen?
- Welches sind die *Kriterien* von Erfolg bzw. Misserfolg?
- Welche *Kräfte* und *Tendenzen* charakterisieren die Aufgabe/Situation?
- Welches sind die diesbezüglichen *Strategien*?
- Was *irritiert*, stört, ist nicht akzeptabel – und warum?
- Welches sind die *Akteure* und *Beteiligten* (Stakeholders), ihre Interessen, Kompetenzen und Charakteristiken (auch ihr „Stör- bzw. Verhinderungspotenzial")?

- Woran kann erkannt bzw. beurteilt werden, dass eine Person für *diese* Führungsaufgabe eine hohe Bewährungswahrscheinlichkeit hat? (Indikatoren und ihre Validität)
- Welche Unterstützung, welche Ressourcen können zur Bewältigung der Führungsaufgabe eingesetzt werden?
- Da es fast nie „nur *eine* Lösung" gibt – wie groß ist der Spielraum und gibt es Alternativen?

Literatur

Adorno, Th. W. (1964). *The Authoritarian Personality*. New York, dt. 1968: Wiley.

Apelt, M., & Tacke, V. (Hrsg.) (2012). *Handbuch Organisationstypen*. Heidelberg: Springer.

Arendt, H. (1967) *Vita activa oder vom tätigen Leben*. München: Piper.

Arendt, H. (1987) *Wahrheit und Lüge in der Politik*. München: Piper.

Aristoteles. (1995). *Nikomachische Ethik*, (*Bd. 3*). *der Philosophischen Schriften*. Hamburg: Meiner.

Bales, R. F. (1982). Symlog. Ein System für die mehrstufige Beobachtung von Gruppen (amerik. Original 1979). Stuttgart: Klett-Cotta.

Barker, R. A. (1997). How can we train Leaders if we do not know what Leadership is? In *Human Relations* (vol. 50, Nr. 4, S. 343–362).

Bauer, J. (2001). *Schmerzgrenze. Vom Ursprung alltäglicher und globaler Gewalt*. München: Blessing.

Bauer, J. (2013) *Arbeit. Warum unser Glück von ihr abhängt und wie sie uns krank macht*. München: Blessing.

Beck, U. (2008). *Die Neuvermessung der Ungleichheit unter den Menschen: Soziologische Aufklärung im 21. Jahrhundert*. Frankfurt a. M.: Suhrkamp.

Boltanski, L., & Chiapello, E. (2003). *Der neue Geist des Kapitalismus* (franz. Original 1999). Konstanz: UVK.

Boos, P., & Mitterer, G. (2014). *Einführung in das systemische Management*. Heidelberg: Auer.

Brocklehurst, M., Grey, Chr., & Sturdy, A. (2010). Management: The work that dares not speak its name. In *Management Leaving*, (vol. 4, Nr. 1, S. 7–19).

Burck, S., Alioth, A., & Müller, W. R. (1993). *Die Erfindung von Führung*. Basel: Vdf.

Clausewitz, C. v. (1832). *Vom Kriege* (2. A. 1853) NA 1991. Berlin: Ullstein.

Dammann, G. (2007). *Narzissten, Egomannen, Psychopathen in der Führungsetage*. Bern: Haupt.

Downton, J. V. (1973). Rebel leadership. Commitment and charisma in a revolutionary process. New York: Free Press.

Eck, C. D. (1990). Elemente einer Rahmentheorie der Beratung und Supervision. In G. Fatzer & C. D. Eck (Hrsg.), *Supervision und Beratung – ein Handbuch* (S. 17–52). Köln: Edition Humanistisch Psychologie.

C. D. Eck, *Persönlichkeit und Führung,* essentials,
DOI 10.1007/978-3-658-08293-2

Eck, C. D. (1999). Charisma zwischen Religion und Management. In W. Jacob (Hrsg.), *Charisma – Revolutionäre Macht im individuellen und kollektiven Erleben*, (S. 139–174). Zürich: Chronos.

Eck, C. D. (2007). Führung – Leadership. Thesen und Hypothesen zu einem Irrlicht der Praxis und Theorie der Organisationsgestaltung. In R. Ballreich, M. W. Fröse, & H. Piber (Hrsg.), *Organisationsentwicklung und Konfliktmanagement* (S. 9–41). Bern: Haupt.

Eck, C. D. (2010a). Kompetenzen modellieren. In B. Werkmann-Karcher & J. Rietiker (Hrsg), *Angewandte Psychologie für das Human Resource Management* (S. 180–206). Heidelberg: Springer.

Eck, C. D. (2010b). Personalentwicklung – Human Resource Development – die Funktion, welche Kompetenzen entwickelt und fördert. In B. Werkmann-Karcher & J. Rietiker (Hrsg.), *Angewandte Psychologie für das Human Resource Management* (S. 265–293). Heidelberg: Springer.

Eck, C. D. (2015). Arbeiten mit Biographischen Methoden. Heidelberg: Springer (im Druck).

Elias, N. (1969). *Über den Prozess der Zivilisation. Soziogenetische und psychogenetische Untersuchungen*. Bern: Francke.

Freud, S. (1937). *Die endliche und die unendliche Analyse*. GW (Bd. 16, S. 59–99). Frankfurt a M.: Fischer.

Foucault, M. (2008). *Le gouvernement de soi et des autres I*. Paris: Gallimard-Seuil.

Foucault, M. (2009). *Le courage de la vérité. Le gouvernement de soi et des autres II*. Paris: Gallimard-Seuil.

Fromm, E. (1941). *Escape from Freedom*. (Holl, New York, dt. In GA, Bd. 1.). München: DVA.

Gloger-Tripelt, G. (2001). *Bindung im Erwachsenenalter*. Bern: Huber.

Gloger-Tripelt, G., & Hoffman, V. (1997). Das Adult Attachment Interview: Konzeption, Methode und Erfahrungen im deutschen Sprachraum. In *Kindheit und Erziehung* (vol. 3, S. 161–172).

Grabbe, M., Borke, J., & Tsirigotis, C. (Hrsg.) (2013). *Autorität, Autonomie und Bindung. Die Ankerfunktion bei elterlicher und professioneller Präsenz*. Göttingen: Vandenhoeck.

Grossmann, K. E., & Grossmann, K. (Hrsg.) (2003). *Bindung und menschliche Entwicklung: Hohn Bowlby, Mary Ainsworth und die Grundlagen der Bindungstheorie*. Stuttgart: Klett-Cotta.

Habermas, J. (1973). *Kultur und Kritik* (S. 195–231). Frankfurt a. M.: Suhrkamp.

Hardt, M., & Negri, A. (2002). Empire. Die neue Weltordnung. (amerik. Original 2000). Frankfurt a. M.: Campus.

Jeske, W. (2002). Der Thiroman. In von J. Knopf (Hrsg.), *Brecht Handbuch*, (Bd. 3, S. 155–181). Stuttgart: Metzler.

Kernberg, O. F. (2000). *Ideologie, Konflikt und Führung: Psychoanalyse von Gruppenprozessen und Persönlichkeitsstruktur* (amerik. Original 1998). Stuttgart: Klett-Cotta.

Kets de Vries, M. (1991). Organisations on the coach. Clinical perspectives on organizational behavior and change. San Francisco: Jossey-Bass.

Kets de Vries, M. (1997). Leaders who self-destruct. The causes and cures. In R. P. Vecchio (Ed.), *Leadership: Understanding the dynamics of power and influence in organizations* (S. 233–245). Paris: University of Notre Dame Press.

Kets de Vries, M. (1998). *Führer, Narren und Hochstapler. Essays über die Psychologie der Führung*. Stuttgart: Klett-Cotta.

Kilmann, R. H. (1984). *Beyond the Quick fix*. San Francisco: Jossey-Bass.

Klingholz, R. (2014). *Sklaven des Wachstums. Die Geschichte einer Befreiung*. Frankfurt a. M.: Campus.

Lasch, C. (1980). *Das narzisstische Zeitalter*. München: Steinhausen.

Legendre, P. (2007). *Dominium Mundi. L'empire du management* (Arthème Fayard, Paris dt. 2008 bei). Wien: Turia & Kant.

Lhuitièr, D. (2009). Travail, management et santé psychique. In A. Laoukili (Hrsg.), *Management et contrôle sociale*. Connexions No. 91, (S. 85–102). Paris: Érès.

Linton, R. 1936 *The study of Man*. New York: Appleton.

Miller, E. J., Rice, A. K. (1967). *Systems of organization: The control of task and sentient boundaries*. London: Tavistock.

Nietzsche, Fr. (1881). *Morgenröthe*. KSA, (Bd. 4). München-Berlin: dtv/de Gruyter, 1988.

Nietzsche, Fr. (1883). Also sprach Zarathustra. I-IV. KSA Bd. 4. In von G. Colli & M. Montinaro (Hrsg.), 1980. München: DTV.

Rappaport, J., & Hess, R. (Eds.). (1985). *Studies in Empowerment: Toward-Understanding and Action*. Philadelphia: Haworth Press.

Riesmann, D. (1950/1956). *The lonely crowd, dt. Die einsame Masse*. Reinbeck: Rowohlt.

Saint-Exupéry, A. (1999). *Wind, S and und Sterne* (Terre des Hommes, 1939). Düsseldorf: Rauch.

Saint-Exupéry, A. (2002). *Stadt in der Wüste* (La Citadelle, 1948). Düsseldorf: Rauch.

Scharmer, C. O. (2009). *Theorie U. Von der Zukunft her führen: Presencing als soziale Technik*. Heidelberg: Auer.

Stephan, L., & Tillner, R. (2013). Professionelle Präsenz und neue Autorität: Ein Führungsansatz. In M. Grabbe, J. Borke, & C. Tsirigotis (Hrsg.), *Autorität, Autonomie und Bindung* (S. 317–338).

Stiglitz, J. E. (2002). *Die Schatten der Globalisierung*. Berlin: Siedler.

Stiglitz, J. E. (2012). *Der Preis der Ungleichheit*. Berlin: Siedler

Thomae, H. (1951). *Persönlichkeit. Eine dynamische Interpretation*. Bonn: Bouvier.

Thomae, H. (1968). *Das Individuum und seine Welt*. Göttingen: Hogrefe

Waldenfels, B. (2012). Hyperphänomene. Modi hyperbolischer Erfahrung. Frankfurt a. M.: Suhrkamp.

Weinert, A. B. (2004). *Organisations- und Personalpsychologie*. 5. A. Weinheim: Beltz.

Willke, H. (1997). *Supervision des Staates*. Frankfurt a. M.: Suhrkamp.

Winterhoff-Spurk, P. (2005). *Kalte Herzen. Wie das Fernsehen unseren Charakter formt*. Stuttgart: Klett-Cotta.

Winterhoff-Spurk, P. (2008). *Unternehmen Babylon. Wie die Globalisierung die Leute gefährdet*. Stuttgart: Klett-Cotta.

Žižek, S. (2014). *Was ist ein Ereignis*? Frankfurt a. M.: Fischer.